KB158391

나는 '아직도' 내가 제일 어렵다

LASS MIR MEIN GEHEIMNIS!
Warum es gut tut, nicht alles priszugeben by Ursula Nuber
© Ursula Nuber 2007

Korean Translation ©2017 Munhakdongne Publishing Corp.
All rights reserved.
The Korean language edition is published by arrangement with
Paul&Peter Fritz AG through MOMO Agency, Seoul.

이 책의 한국어판 저작권은 모모 에이전시를 통해
Paul&Peter Fritz AG 사와의 독점 계약으로 (주)문학동네에 있습니다.
저작권법에 의해 한국 내에서 보호를 받는 저작물이므로
무단 전재 및 무단 복제를 금합니다.

이 도서의 국립중앙도서관 출판예정도서목록(CIP)은
서지정보유통지원시스템 홈페이지(http://seoji.nl.go.kr)와
국가자료공동목록시스템(http://www.nl.go.kr/kolisnet)에서 이용하실 수 있습니다.
(CIP제어번호: CIP2017016624)

나는 '아직도' 내가 제일 어렵다

우르술라 누버 지음 | 손희주 옮김

마음의 민낯을 보여주고 싶지 않은 여자들을 위한 심리학

문학동네

차례

당신의 어떤 생각과 어느 기억에게……
"숨어도 괜찮아. 잘못이 아니야"

'내가 왜 그랬을까. 시간을 되돌릴 수만 있다면……'

'과연 내가 해낼 수 있을까? 사람들이 알면 비웃음만 사겠지. 하지만 누구에게라도 조언을 구하고 싶은데…… 아니야, 말해봤자 나만 상처받을 거야.'

오늘도 당신은 잠자리에서 한참을 뒤척였을지 모른다. 애써 잊으려 마음 한구석에 묻어둔 어떤 기억이 떠올라 잠 못 들었을지도, 주변에 말 못 한 꿈과 목표를 정말 이룰 수 있을까 걱정스러워 밤을 지새웠을지도 모른다. 누구에게나 아무에게도 말할 수 없는, 혹은 말하지 못한 비밀 하나쯤은 있기 마련이다. 그리고 그것이 무엇이든 비밀을 품은 사람은 자주 초조해지고 불안해지곤 한다. 누군가 알게 될까봐 두려워서이기도 하고, 밝히고 싶은 마음과 밝히고 싶지 않은 마음 사이에서 갈팡질팡해서이기도 하다.

사실 무언가를 숨기는 행위에 대한 이미지는 좋지 않다. 대부분의 사람들은 이렇게 생각한다. '좋은 일이라면 도대체 뭣 때문에 말을 못하겠어? 비밀은 치명적이야. 비밀이 있는 사람은 가까운 사람조차 진솔하게 대하지 못하고, 관계에 구멍을 내곤 해. 또 비밀을 숨기려고 거짓말을 하는 경우도 생겨. 그래서 비밀은 밝혀져야 하는 거야. 비밀을 고백하고 나면 무거운 짐을 내려놓은 것처럼 마음이 가벼워질 거야. 자기 자신과 주위 사람을 떳떳하게 바라볼 수 있을 거라고.'

'비밀'이라는 주제로 이야기하다보면 위와 같이 생각하는 경우가 비일비재하다. 비밀이란 '중요한 무언가를 마음속에 간직하고 있는 것'이라고 좋게 평가하는 사람은 그리 많지 않다. 우리는 어렸을 때부터 "거짓말을 하면 안 돼" "꼬리가 길면 잡히기 마련이야" "숨기는 게 있는 사람은 절대 믿을 수 없어" 같은 이야기를 들으면서 자라왔다. 그중에서도 가장 무섭게 겁을 주는 말은 "신은 모든 것을 알고 있단다"이다. 투명하게 모든 것을 보여주지 않는 사람은 '수상쩍은 사람'이라는 생각도 일찍부터 머릿속에 심긴다. 그래서 자신과 삶에 관해 무엇이라도 숨기고 있는 사람은 의심의 눈초리를 피하기 어렵다. '이 사람은 무슨 이유로 앞에 나서지 못하는 거지? 나쁜 짓을 한 걸까?' '착한 사람이라면 분명 아무것도 감추지 않을 거야.' '떳떳하다면 속마음을 보여줄 수 있겠지.'

철학이나 심리학은 비밀에 대해 비판적인 태도를 견지해왔다. 심리학 분야의 수많은 실험과 사례 연구는 비밀을 만드는 일이 당사자뿐 아니라 주변 사람까지 불행하게 만든다는 사실을 보여준 바 있다. 이에 따르면 중요한 사실을 혼자만 알고 있는 사람은, 자신을 비롯해 다른 사람까지 숨쉬기 힘든 유리관으로 밀어넣는 셈이라고 한다.

여기까지 읽다보면 비밀은 결코 좋은 것이 아니라고 여길 수 있다. 그런데도 우리 모두 비밀 하나씩은 가지고 있다니 이상할 따름이다. "아니, 나는 비밀이 없어"라고 말하는 사람이 있다면, 다시 한번 생각해보기 바란다. 비밀은 반드시 외도나 범죄처럼 심각하고 부적절한 것이 아니다. 그보다는 다른 사람에게 들키고 싶지 않은 의견이나 생각, 계획, 열망, 부끄러움 혹은 두려움이 비밀이 되는 경우가 훨씬 많다. 단지 이런 것을 비밀이라고 인지하지 못하는 것뿐이다. 감춰진 면이 없는 사람은, 확신건대 절대 없다.

우리는 비밀과 하루하루를 살아간다. 어쩌다 다른 사람의 비밀을 알게 되는 경우도 있긴 하지만, 일반적으로 우리 주변의 대부분은 밝히지 않은 무언가를 품고 있다고 가정할 수 있다. 프랑스 심리학자 세르주 티세롱은 "머릿속에 떠오른 생각 중 아무에게도 말하지 못하는 것, 환상과 꿈, 연인 사이나 부부간의 지극히 사적인 생활, 복잡하게 얽히고설킨 가족관계 등 공개하고 싶지 않은 모든 것이 비밀이다. 익숙해져 당연하게 느껴지는 비밀의 종류도 다양하다"

고 주장한다.

아무것도 숨길 수 없다면,
우리는 발가벗은 채로 다른 사람과 마주해야 한다
그러니까, 비밀은 당신을 지켜주는 무기

배우자와 친구, 자녀 같은 가장 가까운 사람에게 내가 알지 못하는 면이 있다고 생각하면 기분이 썩 좋지 않다. '기만당했어' '나를 속이다니……' '뭐가 진실인지 모르겠어' 같은 생각이 떠오를 것이다. 이는 '과연 다른 사람을 계속 믿을 수 있을까? 믿어도 될까?' 같은 회의적인 질문으로 이어진다. 그러다보면 사람에 대한 의심이 점점 커져가고, 소외감 역시 깊어질 수밖에 없다. 하지만 이는 우리가 비밀의 어두운 면만 알기 때문에 나타나는 반응이다. 반대로 비밀을 유지하는 일의 긍정적이고 유익한 면은 거의 알려지지 않았다.

비밀이라고 다 같은 비밀이 아니다. 관련된 모든 이의 삶에 심각한 피해를 입히는 '까만 양' 같은 나쁜 비밀도 있지만, 순하고 '하얀 양' 같은 착한 비밀도 있다. 착한 비밀은 누구에게도 피해를 주지 않으면서 동시에 우리가 살아가는 데 매우 중요한 역할을 한다. 착한 비밀은 마음을 편안하게 하고 정서적 안정을 취하는 데 도움을 준다.

다른 사람에게 알리지 않은 (혹은 알려서는 안 되는) 많은 비밀은 무엇보다 우리가 자율성을 지키는 데 큰 힘이 된다. 생각해보자. 만약 아무것도 숨길 수 없다면 우리는 '발가벗은' 채로 다른 사람과 마주해야 한다. 이마에 적혀 있기라도 한 것처럼 타인이 내 생각을 훤히 읽을 수 있다면, 우리의 감정이나 희망사항, 계획을 호기심 가득한 낯선 사람의 시선에서 지켜낼 수 없다. 비밀이 없다면 무방비 상태로 다른 사람의 생각이나 의도, 희망, 욕구에 휘둘리기 쉽다. 즉 비밀은 우리 인생에 어떤 권한도 없는 사람이 우리 삶에 함부로 기웃거리지 못하게 막아주는 울타리라고 할 수 있다.

사회적으로도 비밀은 윤활제 역할을 한다. 모든 것을 밝히고 드러내야 한다면 사회 공동체는 제대로 돌아가지 못할 것이다. '절대적 진실'만 존재하는 사회는 스스로를 감당하기 힘들다. 긍정적인 비밀에는 절대 과소평가해서는 안 되는 매력적인 사회적 가치가 있다.

특히 여성에게 비밀은 중요하다. 사실 우리는 다른 사람에게 자신의 이야기를 자주 들려주곤 한다. 속마음을 드러내고, 생각과 감정을 공유하는 경우가 적지 않다. 이를 통해 친밀감을 형성하거나 더 깊은 교감을 나눈다. 하지만 이렇게 타인과 생각이나 기분을 나누는 일이 늘 좋은 결과를 가져오는 것은 아니다. 혼자만 간직하던 꿈이나 목표를 이야기했다가, 다른 사람이 삶에 참견하도록 허락하는 셈이 될 수도 있다. 상대가 선의로, 혹은 선의라고 할 수 없는 의도로, 그만 포기하라고 조언하면 흔들리는 경우가 적지 않다. 주

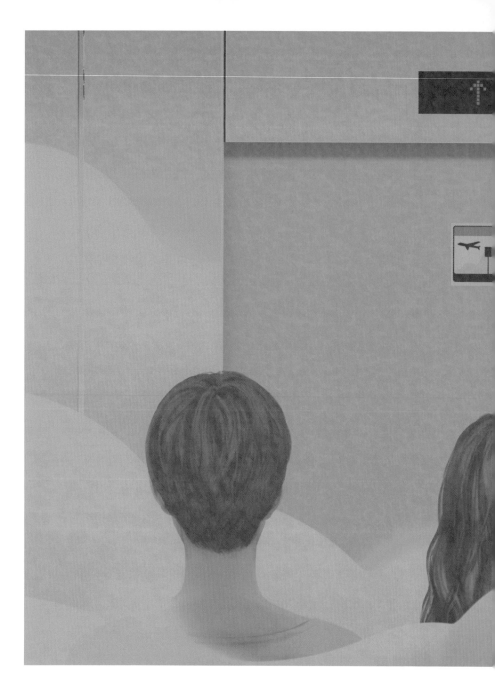

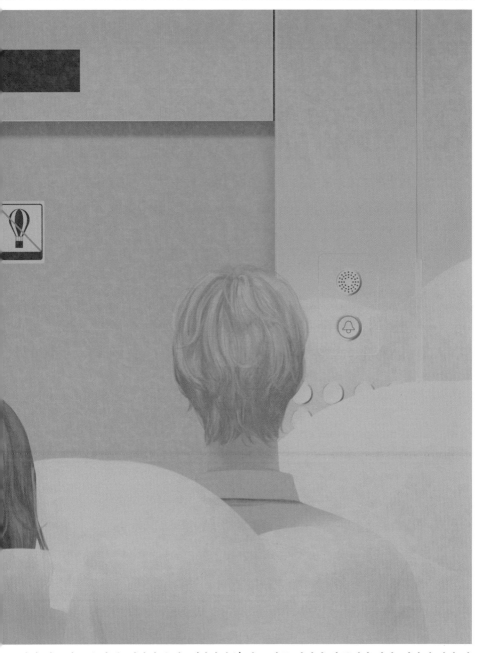

만약 아무것도 숨길 수 없다면 우리는 '발가벗은' 채로 다른 사람과 마주해야 한다. 이마에 적혀 있기라도 한 것처럼 타인이 내 생각을 훤히 읽을 수 있다면 우리의 감정이나 희망사항, 계획을 호기심 가득한 낯선 사람의 시선에서 지켜낼 수 없다. 즉 비밀은 우리 인생에 어떤 권한도 없는 사람이 우리 삶에 함부로 기웃거리지 못하게 막아주는 울타리라고 할 수 있다.

변의 질투나 괜한 걱정 때문에 계획과 희망사항을 단념하는 일도 많다.

여성은 '자신만의 공간'을 마련하지 못하는 경우도 흔한데, '사생활'이라는 단어 자체가 낯설게 들리는 환경에 사는 사람도 적지 않다. 배우자, 자녀, 친구, 부모, 상사 등 여기저기에서 쏟아지는 요구사항과 기대에 부응하느라, 정작 자신을 위한 시간은 갖기 힘들다. 우리는 모든 것을 동시에 잘해낼 필요도, 모든 것을 있는 그대로 다 말할 필요도 없다는 사실을 기억해야 한다. 그래야만 삶의 균형을 찾을 수 있으며, 자신만의 자유를 얻을 수 있다. 우리는 삶의 부지에 비밀이라는 울타리를 치고, 꿈과 희망, 혹은 진심이라는 우리만의 화초가 잘 자라도록 보살펴야 한다.

누구에게나 비밀은 있다
당신의 비밀도 응원받기에 충분하다

비밀에 관한 책을 쓰겠다고 결심했을 때, 비밀은 원래 숨겨진 것이라는 문제가 마음에 걸렸다. 비밀을 감추는 행위에 대해 추상적으로 쓸 수도 있었지만, 실제 사례를 쓰지 않는다면 책이 단물 빠진 껌처럼 맹맹해질 것이 분명했다. 친구나 지인에게 묻는다? 이 역시 좋은 방법은 아니었다. 누가 자진해서 비밀을 털어놓겠는가. 그때 머릿속에 오히려 상대가 낯선 사람일수록 사람들이 자기 이야기를 잘 털어놓는 경향이 있다는 사실이 떠올랐다. 다시는 그 사람을 볼 일이 없다고 생각하기에 오히려 솔직해질 수 있는 것이다. 나는 2006년 초 진행한 조사 연구의 일환으로 일간지와 잡지 『현대심리학』에 다음과 같은 광고를 냈다.

비밀을 찾습니다

당신의 삶에 중요했거나 여전히 중요하다고 여기는 비밀이 있으세요? 본인이나 다른 사람의 비밀로 인해 특별한 경험을 한 적이 있습니까? 단행본 프로젝트를 위해 자신의 비밀을 이야기해줄 분을 찾습니다. 익명으로 연락 주셔도 좋습니다.

정말 효과가 있었다. 전화나 이메일로 많은 이들이 연락을 해왔다. 나는 중요한 일과 생각, 삶의 일부분을 오랫동안 다른 사람 몰래 간직한 사람은 어떻게 살아가는지 알고 싶었다. 또한 성적 지향이나 특이한 취미, 그 밖의 감추고 싶은 것을 가까운 사람의 호기심으로부터 지켜낸 사람들의 이야기도 알고 싶었다. 소중한 사람들에게 비밀을 감춘 경우, 예외 없이 안 좋은 결과를 맞이했는지도 묻고 싶었다. 정말 비밀은 사람들이 갖는 이미지만큼 부정적인 것일까? 어쩌면 중요한 보호기능을 하는 비밀도 있지 않을까?

광고를 보고 연락해온 사람들은 놀랍게도 마음을 활짝 열었다. 이 책은 그들의 이야기를 그대로 담고 있다. 응답자의 본명이 무엇인지는 모른다. 가명으로 소개한 사람도 있고, 본명인지는 알 수 없으나 성은 빼고 이름만 가르쳐준 사람도 있다. 나는 이들에게 익명을 전제로 책에 그들의 비밀을 공개해도 좋다는 허락을 받았다. 비밀 제공자들에게 특히나 고마운 점은 그들이 들려준 이야기가 수박 겉핥기식이 아니었다는 사실이다. 쥐트도이체 차이퉁에 딸려 나온 잡지에서나 읽을 수 있는 다소 '수치스러운 일'을 고백하는 수준이 아니었다. 쥐트도이체 차이퉁은 익명으로 비밀을 적어 보내달라며 열세 개 도시에서 행인에게 엽서를 나누어준 적이 있다. 그 결과 엄청난 양의 엽서가 신문사로 날아왔다. 많은 사람이 이 이벤트 덕분에 찜찜한 마음의 짐을 덜 수 있었다. '사실 지금 엽서를 쓰는 데 사용하는 펜은 방금 훔친 물건입니다.' '근무시간을 적는 카드에 실제 일한 시간보다 매주 일곱 시간씩 더 기록했습니다.' '레스토랑에서 밥을 먹을 때 옆 테이블에서 두고 간 영수증까지 가지고 와서 연말정산 때 제출합니다.'

하지만 제보자들이 내게 들려준 비밀은 이런 천진한 수준이 아니었다. 그들이 털어놓은 이야기와 경험담은 기대와 예상을 훌쩍 넘어섰고, 그중 몇 편은 정말 손에 땀을 쥐게 했다. 충격적인 이야기도 있었고 감동적인 이야기도 있었다. 비밀로 가득한 삶의 이야기 중 중요하지 않은 것은 단 한 편도 없었다. 거의 대부분이 부당한 기대와 호기심으로부터 자신을 지켜준 비밀이었기 때문이다. 비밀의 도움으로 열정적인 관계를 맺을 수 있었던 사람도 있고, 주변의 편견에 맞서 꿈이나 잠재력을 펼칠 수 있었던 사람도 있다. '비밀을 찾습니다'라는 광고에 답을 보낸 사람들은 '비밀 없이는 독립적인 삶 역시 있을 수 없다'는 명제를 증명해주었다.

　말이나 글로 대화할 준비를 하고, 마음을 열어준 모든 사람에게 감사인사를 전하고 싶다. 이들의 경험은 내 연구를 풍요롭게 해주었다. 만약 이들의 이야기가 없었다면 책에서 다룰 가장 중요한 요소가 빠졌을 것이다. 수차례 이메일로 연락해 비밀을 이야기해주려 했던 '기지'에게도 감사하다. 나 역시 관심이 많았는데 어찌된 일인지 결국 그녀의 비밀을 듣지는 못했다. 어쩌면 마음 편히 메일을 쓰거나 전화를 할 수 없는 상황이었을 수도 있다. 아니면 비밀은 어디까지나 비밀로 남겨둬야지, 낯선 이에게라도 털어놓아서는 안 된다고 생각했을 수도 있다. 아무튼 기지와 다른 모든 이들 덕에 비밀에는 선한 가치를 지닌 긍정적인 기능도 존재한다는 사실을 분명히 알 수 있었다. 지금 이 책을 읽는 당신도 비밀의 긍정적인 면을 함께 느꼈으면 하는 바람이다.

　이 책은 특히 감추고 싶은 비밀을 안고 살아가는 모든 여성을 위해 쓰였다. 마음의 옷장 속에 숨겨둔 어떤 생각과 어느 기억을 위한 격려와 위로이기도 하다. 어쩌면 당신은 무언가 숨기고 있다는 사실만으로 불안해하거나 가벼운 죄책감에 시달리고 있을지도 모른다. 당신을 잠 못 들게 하는 그 비밀에게 말해주고 싶다. 숨어 있어도 괜찮다고, 꼭 모든 것을 투명하게 보여줘야 하는 건 아니라고, 때론 보이지 않아서 더욱 빛나는 것도 있는 법이라고. 누구에게나 비밀은 있다. 어쩌면 바로 그 비밀 덕분에 당신이 스스로 설 수 있는 걸지도, 삶을 지킬 수 있는 걸지도 모른다. 당신의 비밀을 응원한다.

1장

감추고 싶은 게 많다는 건, 지키고 싶은 소중한 것이 많다는 뜻

:

우리에겐 '말하지 않을 자유'가 있다

:

오늘날처럼
참으로 많은 정보를 접하는 시대일수록
비밀은 '희소가치'를 지닌다.

— 게오르크 지멜, 독일 철학자

세상은 갈수록 '투명해지고' 있다. 말하고 싶지 않은 생각과 들키고 싶지 않은 속마음과 보여주고 싶지 않은 일상을, 굳이 말해야 한다고 공개해야 한다고 요구하는 사람들이 많다. 세상은 나날이 '시끄러워지고' 있다. 궁금하지 않은 일상과 기분을 굳이 보여주고 알려주는 사람들이 많다. 모두가 '말하지 않을 자유'를 포기하고, '알아야 하는 권리(혹은 요구)'에 수긍해 '말해야만 하는 의무'를 수행하고 있다는 생각마저 든다.

사실 나 역시 어렸을 때는 아무것도 감추지 않았다. 가톨릭의 엄격한 생활방식을 따라서인지 신이 모든 것을 알고 있다고 굳게 믿었다. 신에게 뭔가를 숨기려고 시도한 것만으로 고해성사를 하고, '주기도문' 두 번, '성모송' 한 번을 낭송하며 용서를 빌었다. 차디찬 교회 바닥에 무릎을 꿇은 채로 말이다. 여덟 살쯤, 정원 한구석에 숨어서 '높은 곳에 계신 그분'이 다 보고 있으니 숨을 곳은 어디에도 없다며 절망했던 일이 아직도 기억난다. 그게 정말 싫었다. 그리고 이렇게 작은 반항심이 생겼다는 사실 때문에 또다시 기분이 나빠졌다. 이런 무례한 생각까지 신은 모두 알고 있을 거라고 믿었기 때문이다.

그러나 자라면서 신의 전능함에 대한 믿음이 점차 흔들렸고, 비밀이 생겨나기 시작했다. 십대 시절에는 일상과 생각을 일기에만 털어놓았다. 그리고 훔쳐볼 것 같은 사람에게서 일기를 지키기 위해 첫 장에 '사랑하는 일기장, 내가 여기에 쓴 글은 아무도 볼 수 없어. 이건 비밀이야'라고 크게 써놓았다. 일기장에는 작은 자물쇠도 붙어 있었다. 하지만 크게 써놓은 마법의 문장도, 자물쇠도 엄마가 내 일기장을 엿보고 내 모든 일상과 생각을 파악하는 건 막지 못했다. 엄마는 나와 옆집 남자아이의 풋내나는 사랑이 어떻게 흘러가는지 궁금해했는데, 일기에 모든 것이 세세하게 적혀 있었기 때문이다. 그 일로 인해 엄마와 한바탕 싸움이 벌어졌고 사흘 동안이나 집밖에 나가지 못했다. 그때 비밀을 간직하는 일이 얼마나 힘든지 깨달았다.

그후에도 뭔가를 숨기려고 했을 때 성공했던 적은 거의 없다. 얼떨결에 스스로 비밀을 누설해버리던가("친구 집에 갔었다고 했잖니? 그런데 이제 와서 그 친구가 여행을 갔다고?") 양심의 가책에 괴로워하다 더이상 버티지 못하고 자진해서 털어놓고 말았다. "엄마, 고백할

게 있는데……"라고 죄를 지은 듯한 말투로, 학교를 가지 않았다거나 프렌치프라이를 사 먹었다거나 과외를 빼먹고 스케이트를 타러 갔다고 이야기했다. 사실 어른의 입장에서 봤을 때 이런 일들은 사소한 잘못에 불과했다. 하지만 그때는 이 무해한 비밀들이 비난받아 마땅하다고 생각했다. 나는 바른 사람이라면 숨길 것이 없다는 가톨릭의 가르침을 전혀 의심하지 않았으며, 이는 그후로도 오랫동안 나에게 영향을 미쳤다.

고백하고 싶은 충동에 휩싸인 사람들
그들은 '기꺼이' 사생활을 보여줄 자세가 되어 있다

투명하게 모든 것을 밝히지 않으면 정신 건강에 좋지 않다는 확신은 1970년대 대학에서 심리학 공부를 시작하면서 더욱 확고해졌다. 당시 심리학계에서는 '침묵은 해롭고 고백은 이롭다'는 의견이 주류였다. 미국에서 들어온 심리치료 방식이 독일 학계를 지배했고 '무엇이든 말하는 것'이 정신적으로 건강해지는 비법이라는 의견이 대세로 자리잡았다. 입을 다무는 일은 건강에 매우 해로운 행동으로 여겨졌다. 진실만이 사람을 자유롭게 한다는 명제가 대학에서 배운 심리학의 신념이었다.

1970년대와 80년대에는 심리치료 방법론을 넘어 일상에서도 모든 것을 거리낌없이 이야기하는 태도가 칭송되었다. 사람들은 대화의 치유능력을 믿었고 기꺼이 모든 것을 공개했다. 실제로 저지른 외도는 물론, 머릿속에서 상상만 해보았던 외도에 대해서까지 말이다. 일부러 오르가슴을 느낀 척했던 일이나 실패하고 사회적으로 고립될지도 모른다는 두려움, 부모가 저지른 교육상의 잘못, 유년 시절 겪은 폭력 등 모든 것을 털어놓았다. 이 당시에는 독일 사람이라면 누구나 모든 것에 대해 말해야만 했다. 금기시하는 주제는 아무것도 없었다.

시간이 지나면서 사람들의 '고백하고 싶은 충동'은 점점 더 커져갔다. 고백은 더이상 사적인 공간에 머물지 않고 대중매체를 잠식해나갔다. 서점가에는 소위 '경험담'이라는 새로운 분야가 등장했다. 저자는 자신의 은밀한 경험을 공개하거나 심적 혼란스러움을 고백하고 암 투병기와 마약중독, 정신적 위기 상태, 유년 시절 당했던 성폭력의 경험을 털어놓았다. 당시 거의 우상화하면서 읽었던 프리츠 초른의 『화성』(사랑받지 못하고 자란 백만장자의 아들이 암에 걸려서 부모와 사회에 앙갚음을 한다는 내용)이나 유디트 얀베르크의 『나는 나』(자아실현을 하는 여자에 대한 책)는 아직도 그 내용이 기억난다. 마그리트 데 무어는 소설 『회색, 그리고 하양, 그다음에는 파랑』에서 주인공이 강제로 비밀을 털어놓아야 하는 상황에 부닥쳐서 고심하는 장면을 묘사했다.

"다른 사람과 가깝게 지내고 싶으면 네 이야기를 해야 해. 우리는 서로 모든 것을 털어놓는 데 익숙하거든. 지금은 모든 것을 털어놓는 시대야. 자서전을 쓰는 시대지."

자신에 대해 말하는 것은 지극히 일상적인 일이 되었다. 사생활을 기꺼이 보여줄 자세가 된 사람들은 비밀을 공개함으로써 무엇보다 마음이 가벼워졌다. 한편으로는 면죄를 바라기도 했다. 심리학자 볼프강 슈미츠바우어는 이런 현상에 대해 "오늘날 우리는 어디에서든지 비밀과 침묵, 은닉에서 빠져나와 고백해야 한다는 말을 듣는다"고 설명했다. "애인을 둔 가톨릭 신부(혹은 가톨릭 신부의 애인), 동성 애인이 있는 정치인, 레즈비언 치료교육가, 동료로부터 따돌림을 당한 회사원, 약물을 복용한 운동선수, 성적 학대를 당한 소년합창단 단원, 탈세 혐의자와 마피아의 주요 증인 등 모든 이는 대중매체에서 스스로, 혹은 대변인을 통해 침묵하는 일이 얼마나 고통스럽고 힘겨웠는지 털어놓음으로써 구원받고, 그것이 어떤 느낌인지 들려줍니다."

"말하지 못할 건 아무것도 없어"
모두가 그녀를 가만두지 않았지만……
그녀는 침묵이라는 사치를 누렸다

물론 아픈 상처나 힘든 경험을 털어놓는 일은 마음의 짐을 덜어주고 상처를 치유해주기도 한다. 다만 모든 것을 속속들이 고백하는 일이 언제나 심리 상태에 긍정적인 영향을 미친다고 결론내리는 것은 위험하다. 사실 '고백'이 추앙받는 것은 최근의 일로 과거에는 '침묵'을 더 높은 가치로 평가했으며, 침묵을 중요한 삶의 규칙으로 여겼다. 기원전 1200년 고대 근동 메소포타미아 수메르-바빌론 문명의 시조 우트나피슈팀은 당시 사람들에게 다음과 같이 충고했다.

> 입을 크게 열지 마라. 입술을 조심하라!
> 네 마음속의 말을 바로 꺼내지 마라!
> 지금 빨리 말하면 나중에 이 말을 다시 거두고 싶을 것이다.
> 침묵하는 법을 배우기 위해 정진하라.

사회학자 니클라스 루만과 페터 푹스는 17세기까지도 침묵이 미덕이었다고 전한다. 옛날 사람들은 '침묵하는 자는 언제든지 다시 말할 수 있지만 이미 말을 꺼낸 사람은 더이상 침묵할 수 없다'고 명시했다. 이때는 생각과 의도를 마음속에 숨길 수 있다고 여겼으며, 이는 많은 사람들의 지지를 얻었다. 이런 연유에서인지 18세기 초까지 궁정에서는 위장술을 높이 평가하기도 했다. 기자이자 작가인 아담 소보친스키는 이를 언급하며 다음과 같은 내용을 자신의 책에 인용한다.

"손에 쥔 카드 전부를 보여준 채 놀이하는 것은 영리하지도 않고 흥미롭지도 않다. 사람들은 언제 마음을 활짝 열며, 언제 침묵해야 하는지 조절하는 데 필요한 섬세함을 점차 잃어간다. 자신을 보호하는 역할을 하는 좋은 의미로서의 사생활도 그 가치가 점점 떨어진다." 한 번 뱉은 말은 다시 주워 담을 수 없다. 자의든 타의든 오랫동안 간직해온 비밀을 발설한 사람은, 마음 가장 깊은 곳으로 향하는 차단막을 열어서 아무런 보호도 받을 수 없는 환경에 자신을 노출시킨 것과 마찬가지다. 나중에 후회한다 해도 소용없다. 외부에 알려진 비밀은 다시는 사적인 공간으로 거두어들일 수 없다.

심리학자 콜린 골드너는 이런 행위가 어떤 결과를 초래하는지에 대해 토크쇼 출연자를 예로 살폈다. 그가 내린 결론은 심각해 보인다. "일반적으로 토크쇼에 나왔던 사람은 자기가 실제로 수백만 청중 앞에 서 있다는 사실을 쇼가 끝나고 한참 뒤에야 깨닫는다. 즉 동네 주민이 길에서 말을 걸어와 토크쇼에서 했던 이야기를 해명해야 할 때야 비로소 깨닫는 것이다. 이제 친척뿐 아니라 지인, 같은 아파트 주민 등 모든 사람이 자신의 비밀을 알게 되었다는 사실을 말이다. 오랫동안 지켜온 비밀을 털어놓고 나면 처음에는 '아, 더는 숨기지 않아도 되는구나' 하면서 해방감을 느낄 수도 있다. 하지만 이것이 결과적으로 어떤 일을 가져올지는 전혀 예측할 수 없다."

물론 한 사람이 수많은 청중 앞에서 영혼을 들추어내는 일과 친구 한 명에게 비밀을 알리는 일은 엄청나게 다르다. 하지만 훗날 친구에게 비밀을 이야기한 일을 후회한다면, 비밀을 털어놓음으로써 발생한 부작용은 비슷하다고 할 수 있다. 어떤 경우든 비밀을 털어놓은 사람은 자신을 괴롭히는 수치심을 견디고, 다른 사람들이 보

"손에 쥔 카드 전부를 보여준 채 놀이하는 것은 영리하지도 않고 흥미롭지도 않다. 사람들은 언제 마음을 활짝 열며, 언제 침묵해야 하는지 조절하는 데 필요한 섬세함을 점차 잃어간다. 자신을 보호하는 역할을 하는 좋은 의미로서의 사생활도 그 가치가 점점 떨어진다."

한 번 뱉은 말은 다시 주워 담을 수 없다. 자의든 타의든 오랫동안 간직해온 비밀을 말한 사람은, 마음 가장 깊은 곳으로 향하는 차단막을 열어서 아무런 보호도 받을 수 없는 환경에 자신을 노출시킨 것과 마찬가지다. 나중에 후회한다 해도 소용없다. 외부에 알려진 비밀은 다시는 사적인 공간으로 거두어들일 수 없다.

이는 반응을 이겨내야 한다. 그렇기에 침묵을 멈추고 고백을 택하는 일에는 언제나 신중해야 한다. 특히 그것이 자의가 아니라 다른 사람의 요청에 의해서라면 더욱 그렇다.

소설『회색, 그리고 하양, 그다음에는 파랑』의 주인공 '마그다'는 '마음을 열어라'라는 불문율을 지키지 않는다. 그녀는 침묵이라는 사치를 누리며 남편과 친구, 다른 모든 사람에게 최근에 겪은 일을 말하지 않는다. 언젠가 마그다는 누구에게도 알리지 않고 집을 떠났는데, 이때 그녀가 어디로 갔는지 아무도 몰랐다. 그러던 어느 날, 마그다는 돌연 사라졌던 것처럼 갑자기 다시 나타났다. 대체 그동안 어디에 있었던 걸까? 왜 떠났던 거지? 왜 다시 돌아왔을까? 모두가 궁금해했지만 마그다는 입을 열지 않았다. "어디 숨어 있었던 거야? 무슨 일이 있었어?"라고 묻는 남편에게 그녀는 아무 말도 하지 않았다. 그러자 남편은 "뭐가 이렇게 복잡해?"라고 쏘아붙이며 이렇게 경고했다. "말하지 못할 건 아무것도 없어." 모두가 마그다를 가만두지 않았지만 그녀는 '침묵할 권리'를 고수했다. 사실 마그다의 행동은 잘 이해되지 않는 면이 있다. 하지만 어떤 사연이 있는지는 차치하고, '침묵'에만 초점을 맞춰본다면 그녀는 모두의 요구에 맞서 침묵할 수 있는 용기를 지녔다고 할 수 있다.

비밀은 두 가지 권력을 지닌 야누스

우월감과 두려움, 자의식과 죄의식

우리 대부분은 비밀이 삶에서 어떤 중요한 역할을 하는지, 혹은 어떤 역할을 해야 하는지 잘 알지 못한다. 하지만 비밀은 영양분이나 성생활처럼 우리가 살아가는 데 중요한 의미를 지닌다. 본인의 자아와 타인의 자아를 구분하지 못하는 인생의 처음 몇 년 동안에는 비밀이 없어도 상관없다. 어린아이는 아무것도 숨기지 않으며 자신이 무슨 생각을 하는지 전부 말한다. 혹은 다른 사람, 특히 엄마 아빠가 자기가 무슨 생각을 하는지 안다고 믿는다. 아이는 다섯 살 무렵부터 자신을 독립적인 객체로 인식하는데 이때부터 비밀이 생겨난다고 한다. 처음에는 작은 비밀로 시작된다. 아이는 아무도 모르는 장소를 찾아서 숨거나 그 장소를 감추려 하며 기껏해야 제일 친한 친구에게만 말해준다.

정신적 발달과정으로 관찰한다면 이러한 행동은 큰 이정표다. 자신이 독립적인 인격체임을 깨닫기 시작했다는 매우 중대한 증거이기 때문이다. 이것은 주체적 인간으로 한 걸음을 내딛었다는 의미다. 이 시기에는 양육과정에서 치명적인 실수가 발생할 수 있는데, 바로 엄마나 아빠가 아이가 무엇을 생각하는지, 어떤 일을 꾸미는지 전부 알고 있다는 인상을 주는 경우다. "거짓말하는지 아닌지, 엄마는 다 알아" 혹은 "아빠에게는 아무것도 숨길 수 없어"라고 이야기하는 경우를 들 수 있는데 이는 상황에 따라서 건전한 자율성

발달을 저지한다.

유년기의 순진한 비밀에 이어서 사춘기의 비밀은 다른 사람과 거리를 두고 정체성을 찾는 성장과정을 돕는다. 발달심리학자 잉에 자이프게 크렝케는 청소년을 대상으로 한 연구에서 "청소년은 대략 열두 살부터 공적인 것과 사적인 것을 구분하고, 개인정보를 더이상 무조건 다른 사람에게 알리지 않는다"는 결론을 얻었다. 이 시기에 이르면 사적인 일을 부모에게 말하지 않고, 자기가 선별한 친구 몇에게만 이야기하거나 일기에 적는다.

그리고 어른이 되면 비밀의 양상이 달라진다. 미국의 한 실험에서는 실험 참가자에게 50개의 카테고리를 제시하고 어떤 영역에 속하는 비밀이 있는지 진술하도록 했는데, 그 가운데 가장 많은 표를 받은 네 가지는 다음과 같다.

1. 괴로움(예컨대 고독감)

2. 위반(절도, 사기)

3. 죄(약물 오용, 비윤리적 행위)

4. 두려움(시험에서 탈락할지도 모른다는 걱정)

실험 참가자들은 괴로움과 연관된 비밀을 가장 많이 숨겼고, 사회적으로 비난받을 만한 위반과 죄에 대한 비밀이 그뒤를 이었다. 이 결과에 따르면 사람들은 그나마 두려움에 관해서는 많이 알리는 편이었다. 하지만 두려움 같은 어두운 감정까지 보여주는 것을 전제로 하는 심리치료에서도 비밀은 등장한다. 심리학자 애니타 켈리는 평균 열두 번 정도 심리치료를 받은 적이 있는 환자 45명에게 치료중 상담사에게 말하지 않은 중요한 내용이 있었는지 물었다. 놀랍게도 40퍼센트가 넘는 사람이 그런 적이 있다고 답했다. 힘들었던 애정관계에 대해 밝히지 않은 사람도 있었고, 자신의 성적 곤경에 대해 말하고 싶어하지 않은 사람도 있었다. 이처럼 비밀은 언제 어디서든 존재할 수 있다. 좀 거창한 이야기지만 국가도 첩보기관과 비밀외교를 통해 다른 국가의 간섭이나 외부의 공격으로부터 자국을 보호한다.

비밀은 아이에게도, 청소년과 성인에게도 있으며, 부부 사이에는 서로 공유하는 비밀뿐 아니라 상호 간에 말하지 않는 비밀도 있다. 부모가 아이에게 숨기는 비밀이 있고, 가족 외에 다른 사람이 알아서는 안 되는 비밀도 있다. 이것만 보더라도 특정한 일에 대해 침묵하는 일이 우리 삶에 어떤 의미가 있는지 잘 알 수 있다. 감추고 싶은 게 많다는 건, 역설적으로 지키고 싶은 소중한 것이 많다는 뜻이기도 하다. 우리는 아직 이뤄지지 않은 꿈을 지키기 위해 가슴속에 품은 목표를 말하지 않으며, 솔직한 감정으로 인해 타인과 관계가 틀어질까봐 진심을 숨긴다. 아픈 상처나 기억이 발가벗겨짐으로써 더 큰 고통을 겪는 일을 피하기 위해, 상처와 고통으로부터 스스로를 보호하고자 비밀을 만들기도 한다. 비밀의 의미를 결코 과소

평가해서는 안 된다. 이 점을 다음 장에서 구체적으로 살펴보도록 하자. 우리는 비밀의 보호기능이 무엇이며, '말하지 않을 자유'를 고수함으로써 어떤 혜택을 누릴 수 있을지 알아볼 것이다.

한 가지 짚고 넘어갈 사실은 비밀은 두 얼굴을 지닌 야누스라는 점이다. 이 책에서는 주로 비밀의 긍정적인 면에 초점을 맞춰 이야기하겠지만, 부정적인 면도 간과할 수는 없다. 미국 심리학자 해리엇 러너에 따르면, 비밀은 우리에게 "권력과 우월감, 특별함, 그리고 연대감을 느끼도록 해준다. 반대로 두려움과 죄의식, 부담감, 수치심을 안겨주기도 한다. 비밀은 좋은 일에도 쓰이고 나쁜 목적으로도 쓰인다".

비밀 전문가 시셀라 복 역시 비밀의 본질에 대해 비슷한 의견을 내놓았다. "인간에게 비밀이란 불과 같습니다. 생활에 없어서는 안 되는 필수적인 존재지만, 우리는 불을 무서워하듯이 비밀도 두려워합니다. 비밀은 불처럼 삶을 강하게 보호하기도 하지만, 우리를 숨막히게 하고 재앙을 불러일으키기도 합니다. 걷잡을 수 없이 치솟기도 하죠. 비밀과 불은 우리 삶을 보호하거나 반대로 파괴하는 데 한몫을 합니다. 우리는 이 둘에 가깝게 다가갈 수 있지만, 이로 인해 상처받을 수도 있습니다."

비밀은 복합적이다. 가족치료사이자 비밀 전문 상담가인 에번 임버 블랙은 비밀이 '단순 해법'을 따르지 않는다는 점을 잘 안다. 게다가 비밀을 '서랍 한 칸에 깔끔하게 넣어서 정리할 수 있는' 경우는 드물다. 호기심으로 비밀에 접근하는 사람은, 비밀에 대해 너무 성급하게 단정짓는 일과 비밀을 품은 사람을 윤리 원칙에서 자유롭게 놓여나도록 하는 것의 차이를 알아야 한다. 이는 전혀 쉬운 일이 아니다. 에반 임버 블랙이 말했듯 비밀을 다루는 일은 순식간에 '삶이라는 서커스에서 줄타기'를 하는 것처럼 위험해질 수 있다. 따라서 비밀이 가진 복합적인 면을 잘 이해하고, 그것들이 균형을 잃지 않도록 중심을 잡는 능력이 필요하다.

2장

흔들리지 않고, 휘청대지 않고, '그냥 나'로 살 수는 없는 걸까?

그렇기에, 비밀은 나와 내 삶을 지키는 무기

인간의 흥미롭고 진정한 삶은
밤의 그림자처럼
숨겨진 곳에서 진행된다.

– 안톤 체호프

비밀이란 무엇일까? 비밀이 생겼을 때는 언제이며, 또 비밀이 없었을 때는 언제였나? 말하지 않고 덮어둔 모든 것을 비밀이라고 단정할 수 있을까? 거짓말과 속임수도 비밀의 한 종류일까? 사실 몸무게가 58킬로그램인데 52킬로그램이라고 했다면 이것도 비밀일까? 친구가 새로운 헤어스타일 때문에 훨씬 나이들어 보인다고 생각하면서도 잘 어울린다고 했다면 이것도 비밀이라고 할 수 있을까? 아니면 뭔가 은밀한 일만이 비밀에 속할까?

"너와는 상관없는 일이야"
한발 물러서라는 신호 혹은 경고

'비밀스러운' '숨겨진'이라는 뜻의 독일어 형용사 '게하임geheim'은

15세기부터 사용되었다. 당시 사람들은 '신뢰할 수 있는' '가족을 벗어나지 않는' '다른 사람을 위해 준비된 것이 아닌' 모든 사항을 게하임이라는 형용사로 표현했다. 불어와 영어에는 비밀을 의미하는 secret이라는 단어가 있는데, 이 단어는 라틴어의 secretum과 secernere에서 파생했다. 해석하자면 '구분하다' '떼어놓다'는 뜻이다. 즉 비밀이란 개인적인 것으로, 나를 포함해 '우리'에 속하는 사람들이나 가족과 공유할 수 있지만 여기에 들지 못하는 사람은 제외시킨다는 말이다. 이렇듯 비밀은 타인이나 다른 집단을 배제함으로써 은밀하고 개인적인 영역을 보호한다.

누군가 "너와는 상관없는 일이야"라고 말한다면 그에게는 분명 지키고 싶은 비밀이 있는 것이다. 비밀은 '나'와 '너' 혹은 '우리'와 '그들' 사이에 분명한 경계선을 긋는다. 심리학자 볼프강 슈미츠바우어는 이런 경계가 절대적이며 모든 상황에 적용된다고 확신한다. "경계는 비밀을 공유하는 사람과 그렇지 않은 사람을 구분합니다. 이 경계를 비집고 들어오는 자는 첩자이며, 비밀을 외부로 발설하는 자는 배신자입니다."

비밀은 사적인 영역을 보호하는 역할 외에도 다른 중요한 특징을 가진다. 우리는 다른 사람을 진실에서 보호하고 싶을 때 어떤 사항을 비밀에 부치기도 한다. 그가 적절히 대응하지 못할까봐, 진실로 인해 돌이킬 수 없는 상처를 받을까봐 염려하기 때문이다. 혹은 우리 자신을 보호하려고 진실을 숨기기도 한다. 진실이 밝혀진 순간, 다른 사람이 이를 부정적으로 받아들여서 문제가 생길 수 있고, 또 스스로 감당해야 할 수치심이나 고통을 피하고 싶기 때문이다. 이러한 사항을 고려할 때 비밀을 다음과 같이 정의할 수 있다.

◆ 다른 사람이나 자신을 지키려는 목적으로 어떤 사항을 알리지 않는 것.

◆ 자신과 신중하게 선별한 몇 명만 알고 있으며, 사적인 것과 공적인 것이 구분됨.

◆ 보통 '누구에게는 비밀이야' 하는 식으로 다른 사람과 연관됨.

얼마나 많은 사람이 비밀을 안고 살아가는지 정확한 수치로 나타내는 것은 불가능하다. 비밀의 속성상 한 번 비밀이 생기면 그대로 감춰지니 말이다. 하지만 비밀 연구가 애니타 켈리는 누구나 살다보면 무언가를 숨길 때가 있다고 믿는다. 비록 그녀는 주장을 입증할 만한 명백한 근거를 제시할 수는 없었지만, 여러 실험을 통해 자신의 믿음을 점검해볼 수 있었다. 켈리는 비밀에 관한 첫번째 연구에서 실험 대상으로 나선 학생들 가운데 비밀을 지닌 사람을 추리려고 했다. 하지만 곧 이런 시도가 쓸데없는 일이라는 사실을 깨달았다. 모두가 다른 사람에게 말하지 않은 무언가를 품고 있었기 때문이다. 또다른 연구에서도 거의 모든 사람이 남모르는 비밀을 가지고 있다는 사실이 밝혀졌다. 이 연구에서 실험 대상자 중 99퍼센트가 다른 사람에게 말하지 않은 비밀이 있다고 답했다. 켈리는 비밀을 숨기기 위해 하루에 몇 번이나 거짓말을 하는지 기록하는 실험도 했는데, 그 결과 대부분 사람들은 매일 한 번 내지는 두 번 이상 거짓말을 하고 있었다.

우리는 크든 작든, 해롭든 무해하든, 잠깐 속이든 아니면 오랫동안 감추든 모두 비밀을 갖고 있다고 할 수 있다. 이런 현상을 접하다 보면 그 이유가 궁금해진다. 대개 인간이 진실을 있는 그대로 말하지 못할 만큼 비겁해서일까, 아니면 별다른 의도가 없는 단순한 행동이라고 보아야 할까? 어쩌면 비슷비슷한 이유들이 합쳐져 비밀이 만들어지는 건지도 모른다. 어쨌든 중요한 사실은 비밀이 만들어진 연유가 무엇이든 그 비밀을 통해 '내'가 '나'로 살 수 있는 경우도 많다는 것이다.

생각해보자. 비밀이 없는 삶은 어떨까? 아무것도 숨길 수 없고, 심지어 내 머릿속에 떠오른 모든 생각마저 다른 사람이 속속들이 안다면? 조지 오웰은 소설 『1984』에서 이러한 상황을 묘사했다. 물론 아주 극적인 이야기지만, 비밀이 존재할 수 없을 때 어떤 상황이 벌어질 수 있는지 잘 보여주는 사례이기에 그 일부를 잠시 살펴보도록 하자. 주인공 '윈스턴 스미스'는 자신만의 생각을 보장받지 못할 때 한 사람이 어떻게 정체성을 잃어가는지 보여준다.

서른아홉 살 윈스턴 스미스는 '진리부'에서 일한다. 그가 사는 도시의 거리나 집에서 창밖을 바라보면 여기저기 걸려 있는 커다란 포스터가 보인다. 포스터에는 크게 확대된 얼굴이 그려져 있고, 얼굴 아래에는 이런 문구가 적혀 있다. '빅 브라더는 당신을 지켜보고 있다.' 빅 브라더는 스미스가 있는 곳이라면 언제나, 어디라도 따라다닌다. 그리고 사상경찰은 그가 잘못된 생각을 하지 않을까 늘 안절부절못한다.

집집마다, 물론 스미스가 사는 집에도 텔레스크린이 설치되어 있다. 텔레스크린은 모든 소리를 기록할 뿐 아니라 집안에서 일어나는 움직임까지 전부 관찰한다. 윈스턴은 텔레스크린 뒤에 앉아 있는 감시원이 지금 자신을 주시하고 있는지 아닌지 전혀 알 수 없다. 사상경찰은 아무도 모르는 시스템에 따라 시민의 집을 감시하는데, 이들이 끊임없이 등장하는 텔레스크린은 끌 수조차 없다. 어쨌든 모든 시민은 언제나 자기가 관찰되고 있다고 믿었다. 그런 면에서 스미스는 운이 좋았다. 그의 집에는 텔레스크린이 거실에 있었는데, 창문 맞은편 긴 벽에 설치되는 바람에 사생활을 누릴 수 있는 좁은 구석이 생겼다. 그는 이 조그마한 자유공간을 이용해 이따금 짧게나마 끊임없는 감시에서 벗어났다.

어느 날, 스미스는 원래 들어가서는 안 되는 가게에서 아주 오래된 공책을 발견했다. 그 순간 그는 자신이 이 공책을 꼭 갖고 싶어한다는 사실을 깨달았다. 그는 가게 안으로 몰래 들어가 모든 이성을 뿌리치고 그것을 샀다. 스미스는 이 공책으로 무엇을 하려 했던 것일까? 그는 원칙적으로 결코 생각해서는 안 되는 자신의 생각을 적고 싶었다. 즉 속마음을 털어놓고 싶었던 것이다. 이는 매우 위험수위가 높은 행동이었다. 사상경찰이 스미스의 계획을 알아차리는 날에는 강제노동수용소에서 25년을 보내거나 심지어 사형까지 감수해야 한다.

만약 집안에 감시의 눈초리가 닿지 않는 구석이 없었더라면 스미스가 이런 일을 할 엄두나 냈을까? 이 조그만 구석이 그에게 용기를 주었다. 그는 사상경찰 모르게 글을 쓰기 시작했다. 연관성 없는 단어들이 떠올랐지만 그냥 생각나는 대로 적었다. 그는 자신이 도대체 무엇을 쓰는지조차 알지 못했다. 단어가 저절로 술술 머릿속에서 떠올랐다. 그러다 어느 순간, 스미스는 잠깐 멈추어 거의 자동적으로 써내려간 것을 읽어보았다. 공책에는 볼품 있는 대문자로 이렇게 쓰여 있었다.

빅 브라더 타도
빅 브라더 타도
빅 브라더 타도

스미스는 소스라치게 놀랐다. 처음에 그는 충동적으로 책장을 찢어 없애려 했다. 하지만 이내 생각한 것을 없었던 일로 되돌릴 수 없다는 사실을 깨달았다. "그가 '빅 브라더 타도'라고 썼든 쓰지 않았든 달라질 것은 없었다. 그가 일기를 계속 써나가든 포기해버리든 달라질 것은 없었다. 사상경찰은 그를 똑같이 취급할 것이다. 그는 이미 다른 모든 죄를 포괄하는 본질적인 죄를 범했다. (…) 그들은 그런 것을 '사상죄'라고 불렀다. 사상죄는 영원히 감춰질 수 없는 성질의 것이었다. 잠시 동안, 혹은 몇 년간은 어떻게 용케 은폐가 가능할지 모르지만, 조만간 반드시 발각되고 마는 것이었다."

사상죄를 저지른 자는 이미 죽은 목숨과 다름없었다. 결국 윈스턴 스미스는 사상경찰의 압박을 견디지 못했다. 고문으로까지 이어진 극심한 고통을 겪은 후 스미스는 독자적으로 행동하고 사고하는 일을 중단했다. 더이상 빅 브라더를 상대로 싸우지 않고 지금까지와는 완전히 상반된 태도를 취하기로 했다. 『1984』는 다음과 같은 문장으로 끝을 맺는다. "그러나 잘되었다. 모든 것이 잘되었다. 투쟁도 끝났다. 그는 자신을 이긴 것이다. 그는 빅 브라더를 사랑했다."

조지 오웰은 소설을 통해 독자적 사고와 비밀이 없는 세계에서 사는 일이 공포 그 자체임을 강렬하게 전달한다. 이런 세상에서는 독립적인 자아나 개인이 없다. 단지 천편일률적으로 손에 쥔 삶만 있을 뿐이다. 이곳에서 전적으로 통하는 것은 오로지 공권력이 옳다고 인정하는 일뿐이다. 만약 지위가 높은 사람이 '2+2=5'라고 주장하더라도 자기가 지닌 지식을 바탕으로 이에 반대 의견을 표명하는 일은 아무런 의미가 없으며, 상황에 따라서는 목숨이 위태로워질 수 있다.

물론 소설은 다분히 극단적인 상황을 다루며, 우리가 비밀을 품는다고 해서 '사상죄'를 저지르는 것은 아니다. 하지만 소설 속 사회는 여전히 묘하게도 지금 우리가 사는 사회와 겹치는 부분이 많다. 사회는 점점 더 투명해져 속을 들여다볼 수 있게 되었다. 신용카드와 스마트폰, 건강기록, 여행과 관련된 정보를 통해 일거수일투족을 추적당한다. 인터넷 서점은 고객이 주문하는 책을 기록하고서 취향을 파악해 구미에 맞을 듯한 다른 책을 소개한다. 모든 공공장소와 기차역, 공항에서는 CCTV가 사람들을 지켜보며, 운이 없는 경우에는 테러 수색팀이 벌이는 전화 도청의 표적이 되기도 한다. 의식하지 못하는 사이 우리의 내면은 타자의 시야 속으로 흘러들어간다.

이러한 문제가 있긴 해도 어쨌든, 우리는 표현의 자유가 보장되고 인간의 존엄성이 여전히 불가침인 민주주의 국가에 살고 있다. 민주주의라는 단어에는 자신이 어떤 의견을 피력하고 싶은지, 다른 사람이 내 삶에 얼마나 가깝게 접근해도 되는지 스스로 결정 가능하다는 뜻이 내포되어 있다.

우리는 생각과 감정을 솔직히 밝힐지 말지 자유롭게 결정할 수 있다. 다른 사람에게 어떤 것을 보여줄지 안 보여줄지도 결정할 수 있다. 원치 않으면 그 누구도 나의 진정한 감정과 근심걱정, 두려움, 행복의 순간을 알 수 없다. 우리는 다른 사람이 나에 대해 어느 정도까지 알아도 되는지, 어떤 면은 봐도 되고 어떤 면은 보지 않는 편이 나을지 스스로 판단한다. 다른 사람에게 상처를 주고 싶지 않거나 상대가 어떤 반응을 보일지 두려운 경우에는 침묵할 수 있다. 원치 않는다면 신념을 공공연히 말할 필요가 없다. 나와 삶에 대한 통제권을 잃지 않기 위해 입을 꾹 다물 수 있으며, 아직 확신이 서지 않은 계획은 숨겨도 된다.

내 마음속 가장 깊은 방
비밀은 '정신적 사유재산'을 지켜준다

2006년 몇 주 동안 배우이자 카바레 극장 공연자인 오트프리트 피셔가 많은 신문의 1면을 장식했다. 피셔가 오스트리아 빈의 홍등가에서 일하는 매춘부와 사랑에 빠졌는데 이 일이 공개된 것이다. 피셔뿐 아니라 그의 부인과 매춘부도 지극히 개인적인 감정과 이 사건으로 야기된 결과를 거리낌없이 떠들어댔다. 대중의 입장에서 봤을 때, 이들처럼 민망할 정도로 자신을 다 드러내는 모습은 흥미진진하기도 하지만 다른 한편으로는 거부감이 들기도 한다. 처음에는 누구나 호기심을 갖지만, 은밀한 잡담을 계속해서 듣노라면 슬

민주주의라는 단어에는 자신이 어떤 의견을 피력하고 싶은지, 다른 사람이 내 삶에 얼마나 가깝게 접근해도 되는지 스스로 결정 가능하다는 뜻이 내포되어 있다. 우리는 생각과 감정을 솔직히 밝힐지 말지 자유롭게 결정할 수 있다. 다른 사람에게 어떤 것을 보여줄지 안 보여줄지도 결정할 수 있다. 원치 않으면 그 누구도 나의 진정한 감정과 근심걱정, 두려움, 행복의 순간을 알 수 없다.

슬 마음이 불편해진다. '선을 넘었다'고 느끼기 때문이다. 이런 주제
는 지극히 개인적인 사안이다. 따라서 사건의 주인공이 자리한 영
역을 벗어나서는 안 되는데, 주인공들과 관계없는 내가 알게 되어
거북해지는 것이다. 이 사건에서는 모든 주인공이 자발적으로 대중
을 데려다 열쇠 구멍을 들여다보게 했는데, 과연 그들은 자신이 무
슨 일을 했는지 알기나 했을까.

오늘날에는 더욱 자극적이고 호색한 사건이 대중매체에 넘쳐나
는 듯하다. 오후에 방영되는 TV토크쇼에서도, 베크만, 케르너, 바케
스(모두 독일의 유명 쇼 프로그램 사회자들―옮긴이)의 프로그램에서
도 마찬가지다. 많은 방송이 마치 열쇠 구멍을 통해 훔쳐보는 것처
럼 관음적인 시선에서 진행된다. 유명인사뿐 아니라 지극히 평범한
일반인도 사생활에 대해 떠들어대기를 주저하지 않는다. 우리는 이
러한 현상에 익숙해졌지만, 이는 그리 긍정적이지 못하다. 우리 사
회의 기저에는 사적 영역과 공적 영역이 구분되어야 한다는 규칙이
깔려 있다. 이런 규칙은 세상 사람들이 개인의 사생활을 침해하는
것을 막아주며, 누구나 두 세계의 경계를 유지해달라고 요청할 권
리가 있다. 허락받지 못한 사람이 나의 내면과 일상을 침범하는 것
을 막음으로써 품위를 지키고 예의를 갖추며 살 수 있다.

아프리카 반투족은 아이 때부터 개인 일을 다른 사람에게 사실
그대로 말할 필요는 없다고 배운다. 또 흑마술로부터 가족을 멀리
떨어뜨리려면 거짓말을 해도 된다고 배운다. 이런 설명을 듣고 자란

아이는 개인의 세계와 공공의 세계라는 두 개의 세계가 존재한다는 사실을 알게 된다. 더 나아가 공공의 세계에 사는 사람이 함부로 침입하지 못하도록 개인의 세계를 보호할 필요성이 있다는 사실도 인지한다. 우리도 이 두 세계를 구분할 줄 알기 때문에 개인 우편물을 다른 사람이 봐서는 안 되고, 전화를 도청해서도, 은행 계좌를 공개해서도, 병원 진찰기록을 고용주에게 알려서도 안 된다는 입장을 취한다. 또 수입이 얼마나 되는지, 성적 지향이나 기호, 정신적 문제, 특이사항, 틱 장애 여부 등에 대한 질문에 대답하지 않아도 된다는 데 동의한다.

그런데 사실 사생활은 이보다 더 넓은 범위를 의미한다. 예를 들어 자신의 생각과 경험, 희망사항, 꿈, 근심걱정 따위는 순전히 개인에 속하며, 따라서 보호받아야 한다. 자신이 실패자라는 패배감에 사로잡혔을 때는 아무 말도 하지 않아도 된다. 지극히 사적인 공간에서 벌어진 문제는 비밀에 부칠 권리가 있다. '마그레트'는 이런 권리에 대해 잘 알고 있었다.

이십대 중반쯤 되었을 때 아이를 갖고 싶다는 마음이 생겼어요. 그런데 무던히 애써도 임신이 되지 않더라고요. 시간이 조금 흐른 뒤 남편과 함께 병원을 찾았지만 아무런 문제도 발견되지 않았어요. 저는 실망스럽고 불안한 마음에 불임여성 모임을 찾아갔어요. 하지만 이곳에서 뼈아픈 경험만 하고 말았어요. 끔찍하다고밖에 달리 표현을 못하겠군요. 모임에 나온 사람들은 하나같이 트라우마에 시달렸어요. 제가 보기에 이들은 슬픔과 절망감, 아이가 있는 엄마를 향한 시기심으로 자신을 파괴하고 있었어요. 감정을 모두에게 공개하는 것은 안 그래도 이미 받고 있는 압박감만 더욱 커지게 할 뿐이에요. 모임에 온 모든 사람이 심리적으로 심각한 상태에 놓여 있었어요. 저는 그 모든 것이 너무 우울하게 느껴졌고, 다른 사람들 앞에서 감정을 드러내는 일이 저를 바닥으로 끌어내리는 것 같아서 더이상 모임에 나가지 않았어요.

그런데 설상가상으로 시어머니와 사이가 안 좋아졌어요. 사촌 여동생이 수술받았을 때 시어머니가 그러시더라고요. 사촌은 이제 온전한 여자가 아니라고요. 이 말을 듣는 순간 확실히 알겠더군요. '내가 아이를 갖지 못한다는 사실을 아신다면 나도 온전한 여자 범주 밖에 넣으시겠지?' 아직도 세상은 아이 없이 사는 것을 상식에서 벗어난 일이라고 판단해요. 여자는 아이를 낳을 때만 가치가 있다고 말하는 사람들까지 있죠. 그래서 저는 아이를 갖지 못한다는 사실을 비밀에 부치기로 결심했어요. 사람들이 볼 때 우리는 그냥 아직 아이가 없는 부부였죠. 그러다가 남편과 헤어지게 됐어요. 아이를 갖고 싶은 마음에 갈라선 것은 아니고요.

비밀 때문에 불편한 적은 없어요. 항상 비밀 생각만 하면서 사는 건 아니니까요. 다만 어쩌다가 한 번씩 비밀과 마주해야 할 때가 있긴 해요. 최근에 친구 두 명이 임신했어요. 친구가 제게 "이제 네 차례네"라고 하더군요. 그냥 흘려듣고 별다른 대꾸를 하지 않았어요. 물론 아이가 없다는 이유로 저를 이기적이라고 몰아붙이는 사람을 만나거나 아이 없는 사람은 세금을 더 내야 한다고 말하는 정치인을 볼 때면 화가 나죠. 원하는데도 아이를 갖지 못하는 사람이 굉장히 많거든요. 그래도 저는 비밀을 발설할 만한 위험 상황을 잘 피하는 편이에요. 심지어 도움될 것 같은 상황에서도 절대 비밀을 말하지 않아요. 입사 면접 때도 항상 반복되는 질문이 있지요. "아이를 낳을 생각입니까?" 이 상황에서 "원하지만 갖지 못했어요"라고 답한다면 유리할 수도 있겠지만 입을 꾹 다물어요.

비밀이 있다고 해서 누군가에게 해를 끼치는 건 아니잖아요. 단지 저에 관한 일일 뿐이지요. 저는 스스로를 시끄럽게 들볶거나 괴롭히지도 않아요. 불임은 이미 아문 상처와 같아요. 삶의 행복이 아이의 유무에 따라 결정되지는 않잖아요. 저는 다른 길을 찾았어요. 불임을 흠으로 생각하지는 않지만, 비밀은 계속 소중히 간직할 거예요. 주변 사람의 평가나 어쭙잖은 동정으로부터 저를 보호해주거든요.

의도적으로 사생활을 감출 경우, 신뢰할 만하다고 선택한 사람만 그 영역으로 들어올 수 있다. 우리는 이렇게 울타리를 치고 마음으로 연결되는 문을 닫고 난 뒤, 거리를 두고 싶거나 접근해서는 안 되는 사람에게 '잠깐, 멈춰!'라는 명확한 신호를 보낸다. 이렇게 경계를 그음으로써, 언제 누구에게 자신의 페르소나를 보이고, 누구에게 사회적 이미지를 보일지 결정한다.

사회학자 어빙 고프먼은 『자아연출의 사회학』이라는 책에서 우리 모두는 사회적 공간에서 연극을 하며, 자신의 일부만을 드러내 특정한 배역을 연기한다고 주장한다. 가령 직장에서는 엄마나 아빠 혹은 애인, 친구로서의 역할과는 다른 '가면'을 쓰는 식이다. 그렇다고 해서 우리가 사회적 장소에서 연기하는 모습과는 다른, 실제 자아를 항상 완벽하게 숨길 수 있는 것은 아니다. 고프먼이 말하는 사회적 자아는 단순히 진실의 다른 면이다. "이 가면은 어떤 의미에서는 자신이 실행하려는 역할의 이미지를 일부 묘사한다고 볼 수 있다. 이 가면은 우리가 되고 싶어하는 진정한 자아다. 결국 역할에 대한 상상은 우리가 지닌 인격의 두번째 본성이다."

물론 이런 사회적 진실 외에도 또다른 진실이 있다. 이것은 일반적으로 밖으로 내보이지 않는 개인적이며 은밀한 일신상의 진실이며, 사생활을 공유하는 사람에게조차 말하지 않는 진실이기도 하다. 이런 진실은 다른 사람이 생각하는 나에 대한 이미지나 앞으로 보여야 할 이미지와 일치하지 않는 경우가 많다. 이런 진실은 오직 자신에게만 속한다. 사회학자 게오르크 지멜은 "정신적인 사유재산이란 것이 있는데, 이에 대해 폭력을 행사하면 그 중앙에 있는 자아는 손상된다"고 했다. 지멜은 한 사람의 비밀이 지켜지는 '정신적 공간'을 존중하는 일이 반드시 필요하다고 강조한다.

그리스 신전에는 나오스naos라 불리는, 벽과 기둥으로 둘러싸인 방이 있다. 헤라 혹은 포세이돈에게 바쳐진 신전의 나오스에는 그들의 조각상이 모셔져 있다. 신의 사적인 공간에 해당하는 곳이라 사제만 출입할 수 있으며, 봉납제와 종교의식은 전적으로 신전 앞에서 거행된다. 나오스는 항상 어두워서 신비로움으로 가득하고, 사제나 다른 관계자가 제의를 위해 방으로 들어갈 때만 잠깐 불을 밝힐 뿐이다. 가장 오래된 그리스 신전은 약 기원전 500년 전까지 거슬러올라가는데(이탈리아 남부 파이스툼에 세 채의 경이로운 신전 원형이 매우 잘 보존되어 있다) 이 신전들은 우리가 지닌 특성에 대한 표상으로 볼 수 있다. 나오스처럼 우리에게도 내면의 방이 있고 선택된 자만이 이곳으로 들어올 수 있으며 방의 내부가 어떻게 생겼는지도 이들만 안다. 가끔은 선택된 사람조차 방으로 들어올 수 없는 경우도 있다. 이 내면의 방은 정체성이 생성되고 자아가 형성되는 핵심적인 장소다. 밖으로 보이는 모습은 열주가 있는 곳에 반영되지만, 이것이 우리를 이루는 전부는 아니다. 열주 쪽만 둘러본 사람은, 다시 말해 겉모습만 아는 사람은 우리 내면이 어떤 모습인지 진정으로 알지 못한다.

우리가 위신과 유일무이성, 정체성을 보호하려면 그리스 신전처

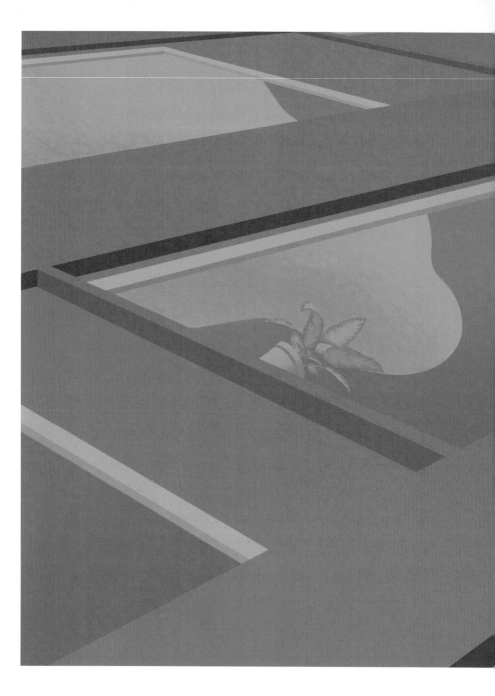

나오스처럼 우리에게도 내면의 방이 있고 선택된 자만이 이곳으로 들어올 수 있으며 방의 내부가 어떻게 생겼는지도 이들만 안다. 가끔은 선택된 사람조차 방으로 들어올 수 없는 경우도 있다. 이 내면의 방은 정체성이 생성되고 자아가 형성되는 핵심적인 장소다.

럼 출입이 엄격히 통제되는 보호구역이 필요하다. 이곳에는 다른 사람이 굳이 알지 않아도 되는 나만 아는 모든 것이 보존되어 있다. 누구에게도 알리고 싶지 않은 경험과 감정이 들어 있고, 근심, 두려움, 괴로움도 속해 있다. 우리는 사유재산을 도둑에게서 지키는 것처럼 자신의 정체성을 이루는 내적 자산도 타인에게서 지켜야 한다.

'헬가' 역시 아무도 알아서는 안 된다고 생각했기에 남편의 지속적인 요구에도 동요하지 않고 자기가 생각하고 느낀 바를 마음속에만 지닐 권한을 행사했다. 그녀는 일기장에만 진심을 털어놓았다. 심지어 심한 병에 걸렸을 때도 일기장을 안전한 곳에 두어야 한다는 생각만 간절했다고 한다. 그녀는 '비밀을 찾습니다' 광고를 보고 다음과 같은 편지를 보내왔다.

저는 예순둘이며 비밀을 품고도 생활에 지장을 받지 않고 사는 사람입니다. 저는 제 생각을 말하는 걸 매우 어려워합니다. 아마도 저에 대해 털어놓는 걸 당연하게 여기지 않기 때문이겠지요. 어렸을 때부터 비밀이 많았습니다. 꾸지람을 듣거나 비난을 받을까봐 무서워서 그런 것도 있었습니다. 이해받지 못할 것 같았거든요. 다른 한편으로 비밀로 가득한 생각과 환상, 두려움이 다른 사람에게 인정받지 못할 거라는 걱정이 있었습니다. 긍정적이고 순종적이며 눈에 띄지 않는 행동만 허용된다고 생각했어요. 제가 느끼는 그대로를 내보이면 안 된다고 여겼죠.

어렸을 적부터 이런 생각을 해서인지 어른이 되고 나서도 숨기는 것이 많았습니다. 열네 살 때부터 일기를 썼는데 일기장에조차 모든 것을 털어놓지는 못했습니다. 그런데 남편은 제가 일기를 쓰는 모습을 보면 그중 하나를 크게 읽어달라고 보챕니다. 이를 거부하는 바람에 화가 난 남편과 말다툼한 적도 여러 번입니다. 일기에 무엇을 썼는지 남편이 매우 궁금해한다는 것을 잘 알긴 했지만 절대 알려줄 수 없었어요.

지난 1월 저는 큰 수술을 앞두고 있었습니다. 다시는 집에 돌아오지 못할 수도 있다는 최악의 경우까지 염두에 두었어요. 그래서 입원하기 전 남편과 사이가 좋지 않았던 1994년부터 2000년까지의 일기를 파기하기로 결심했습니다. 우리집 쓰레기통이 커다란 쓰레기차에 들어가는 것을 창밖으로 내다봤습니다. 그 속에는 6년 동안 써온 일기도 들어 있었지요. 이 모든 일을 아무도 모르게 처리했습니다. 감사하게도 수술 후 무사히 집으로 돌아올 수 있었습니다. 얼마 전 남편과 일기에 대해 대화를 나누다가 제 비밀이 이미 1년 전 쓰레기와 함께 사라졌다고 알려주었습니다. 생각했던 대로 남편은 지난 6년 동안의 삶이 담긴 일기를 없애버린 것에 화를 냈고 왜 그랬는지 이해하지 못했습니다. 하지만 남편이 일기를 읽었더라면 몹시 불편해졌을 거예요. 제 갈등 상황과 감정에 대해 다른 사람이 정확히 알아서는 안 된다고 생각하거든요.

　이제 저는 예순둘이 되었습니다. 언젠가는 여태까지 지녔던 비밀을 어떻게 할 것인지 스스로 결정하지 못하게 될 테지요. 그럴 때를 대비해서 지금부터라도 일기장을 몰래 조금씩 처리해야 할까요?

　마음속 가장 깊숙한 방을 타인에게서 보호하면 어떤 점이 좋을까? 하버드 대학교 심리학과 교수 대니얼 베그너는 정서적 안정을 위해 모든 사람에게 비밀이 필요하다고 주장한다. "비밀이 없으면 자아는 존재하지 않습니다. 우리는 살면서 사회집단에서, 직장에서, 부부 사이에서 어느 순간 자기 자신을 잃어버렸다고 느낍니다. 이런 상황에 부딪쳤을 때 자주성과 독립성을 견고하게 유지하려면 내적 공간을 지켜나가는 것이 좋습니다."

　비밀을 통해 사생활을 보호하는 일은 가족관계에서도 중요하다. 프랑스 심리학자 세르주 티세롱은 가족끼리도 비밀이 있는 게 매우 자연스러운 일이라고 여긴다. "모든 사람과 모든 가족에게는 비밀이 있습니다. 특정한 정보를 혼자 품은 사람이 있다고 하더라도, 이로 인해 타인과의 관계가 불편해지는 일은 없기 때문에 비밀이 있어도 괜찮다는 말이 아닙니다. 예컨대 부모는 아이에게 자신들의 성생활이 어떤지 모두 말해야 하나 하지 말아야 하나 같은 질문으로 괴로워하지는 않습니다."

이런 비밀은 가족 내에서도 부모에게만 속하는 영역이 있다는 사실을 보여준다. 예를 들어 아빠가 직장에서 안고 있는 문제, 엄마가 아빠에게 느낀 실망감 혹은 경제적으로 어려운 상황은 자녀가 굳이 알 필요가 없다. 이모가 자살했다거나 사촌이 어느 선원과 눈 맞아 야반도주했다는 이야기 같은 심각한 가족사는 자녀가 나이 들어 일이 일어난 과정을 충분히 이해할 수 있을 때까지는 비밀에 부치는 편이 좋다. 또한 아이는 부모가 자기를 어떻게 생각하는지 항상 알 필요가 없다. 이에 대해 가족심리치료사 아르놀트 레처는 부모가 자기를 어떻게 생각하는지 듣고 싶어하지도 않고, 알지 않아도 될 권리가 있다고 주장하는 '다비드'의 저항심이 매우 건전한 것이라고 평했다. 다비드는 부모에게 주문한다. "엄마, 아빠. 제발 다른 부모들처럼 무심하게 대해주실 수는 없어요? 내가 없는 곳에서 나에 대해 이야기하지도 말고요."

다른 사람의 의견에 휘둘리지 않을 만큼, 충분히 강하다고 생각되지 않는다면……

아무도 모르게 삶을 시험해봐도 좋다

서른다섯의 '우타'는 2차 교육과정을 밟아 고등학교 졸업시험을 보고 대학에 들어가겠다는 자신의 목표를 비밀에 부쳤다. 왜 그랬을까? 사실 이것은 응원과 지지를 받을 만한 꿈이었지만 우타는 아무에게도 계획을 알리지 않았다. 4년 내내 저녁마다 동네에 있는 직장인을 위한 고등학교에 다니고, 주말에는 남몰래 입시 과목을 공부했으면서도 말이다.

    첫째로, 시험에 통과할 수 있을지 확신이 서지 않아서 아무에게도 말하기 싫었습니다. 해야 할 게 너무 많았거든요. 둘째로, 목표를 이룰 수 있을 만큼 제가 똑똑한지 자신이 없었어요. 계획을 말했다면 사람들은 처음에는 놀라고 응원했겠죠. 하지만 나중에 실패하면 분명 동정할 텐데 그건 싫었어요. 게다가 친구와 동료에게 제가 그들보다 더 나은 사람이라고 생각한다는 인상을 주고 싶지 않았어요. 저는 비서로 일했는데, 주변 사람들 가운데 대학은 말할 것도 없고 고등학교 졸업시험을 본 사람도 없어요. 만약 제가 목표에 대해 이야기를 꺼냈다면, 조금 불편해했을 거예요.

    그래서 시험 준비가 잘되고 있었지만, 계속 비밀을 지키기로 마음먹었어요. 어느 정도 확신이 생긴 후에도 말이죠. 뒤늦게 이야기했다가 그동안 제가 속여왔다고 생각할까봐 두려웠거든요. 시험에서 떨어질 가능성도 여전히 남아 있었고요. 결국 시험에 합격하고 나서야 모든 것을 털어놓았습니다. 그리고 이웃 도시에서 법학을 전공하려고 직장을 그만두었죠.

반면 '이름가르트'가 비밀을 만든 사연은 이와는 완전히 다른 것이었다. 그녀에겐 오래 만난 연인이 있었는데, 결국 헤어지는 바람에 깊은 우울증에 빠졌다. 주치의가 항우울제를 처방해주기도 했지만 별로 내키지 않아서 복용하지 않았고, 상태는 좀처럼 나아지지 않았다. 그러자 주치의는 심리치료를 받아볼 것을 권유했다. 그녀는 치료를 받기로 했지만, 주변 시선에 대한 두려움이 커서 그 사실을 아무에게도 알리지 않았다.

심리치료는 대단히 큰 모험이었습니다. 무엇이 기다리고 있을지 정확히 몰랐어요. 치료 과정에서 압박감을 견디지 못하면 어쩌나 두렵기만 했지요. 일주일에 세 번 심리치료를 받으러 다녔어요. 처음에는 굉장히 무서웠어요. 치료 과정에서 무슨 일이 생기면 어떡하나 하는 생각도 무서운 이유 중 하나였죠. 그래서 아무에게도 알리지 않았어요. 다행히 일주일에 세 번이나 평소보다 이른 시간에 나가는 것을 이상하게 생각할 배우자도 없었죠. 심리치료는 항상 아침 일곱 시에 시작했거든요. 회사에서도 아무런 눈치를 못 챘어요.

이 사실을 비밀로 한 건 단지 두려움 때문만은 아니었어요. 치료를 시작했을 때 이 시간이 오로지 저만을 위해 마련된 것이라는 생각이 들었어요. 심리분석가와 만나는 시간은 오직 저에게만 속한, 저만을 위한 시간이었죠. 만약 누군가 제가 심리치료를 받는다는 사실을 알았다면, 호기심에 차서 나름의 분석을 하고 질문해댔겠죠. 그게 싫었어요. 치료는 전적으로 사적인 일이니까요. 치료를 잘 끝냈는지 아닌지도 제 몫의 일이었고요. 받을 수 있는 치료는 다 받아보고 싶었어요.

비밀은 삶을 시험해볼 기회를 준다. 계획이나 목표를 밝히지 않음으로써, 최종 결정을 내리기에 앞서 주위 사람의 비판이나 충고를 피해 선택한 길이 과연 옳은지 아닌지 스스로 판단해볼 수 있다. 또 비밀은 충분히 방황하고 고민해볼 시간을 주기도 한다. 어떤 계획이나 의도가 방향을 찾지 못할 때나 어떤 일을 단독으로 실행에 옮길 때, 더 많은 용기와 힘이 필요하기 때문이다.

나는 누군가 사랑에 빠졌을 때도 특별한 이유가 있는 게 아니라면, 당분간이라도 주변에 알리지 말 것을 추천한다. 사랑이 시작 단계일 때는 '이 사람이 과연 내가 찾던 남자일까?' '이 여자가 내가 그토록 오랫동안 꿈꾸어온 사람일까?' '우리는 서로 잘 맞을까?' '시간이 흘러도 이 사랑이 흔들리지 않을까?' 하는 식으로 의문을 품기 마련이다. 그런데 이때 주변 사람들의 호기심과 이런저런 이야기에 영향을 받기 십상이다. 관계가 자리잡기도 전에, 불필요한 오해나 실망감만 생길 수도 있다. 사귄 지 얼마 안 되는 커플은 주변에 관계를 공표하지 않음으로써 서로에 대한 둘만의 확신을 만들어갈 시간을 확보할 수 있다. 단단한 관계로 발전한 뒤 비밀의 보호막을 벗겨도 늦지 않다. 위대한 음악가 요한 제바스티안 바흐의 두번째 아내였던 안나 막달레나 바흐는 『음악 수첩』에 이런 충고의 글귀를 적었다.

내게 당신의 마음을 주고 싶다면
비밀로 하세요.
우리 둘의 생각을
아무도 알지 못하게요.

마흔 살의 '마리아'는 안나가 한 충고를 알지 못했지만, 직장 동료와 사랑에 빠졌을 때 이를 비밀에 부치기로 결심했다.

저는 출판사에 다니고 있는데 연수를 받으면서 한 남자와 사랑에 빠졌습니다. 지금까지는 그저 동료로만 알았던 남자가 가깝게 다가오자 세상이 완전히 달라졌어요. 단 한 번도 이렇게 격렬한 감정을 느껴본 적이 없어서 더 혼란스러웠지요. 솔직히 혼자 지내는 것에 익숙해져 있었고, 누군가와 깊은 관계를 맺을 수 있다는 희망을 버린 지도 오래되었거든요. 그래도 나름 즐겁게 살아왔습니다. 친구도 많았고, 직장생활도 즐거웠고, 원하는 것은 무엇이든 할 수 있었어요.
그런데 갑자기 모든 게 바뀌었어요. 미래의 배우자로까지 생각할 수 있는 남자가 등장한 거죠. 얼마나 행복한지 떠들썩하게 외치고 다녀야 정상이겠죠? 하지만 우리는 다른 도시에 살아서 주말에만 볼 수 있었어요. 그래서 연인 사이로 발전했다는 사실을 비밀로 했죠. 이 남자가 정말 내가 생각하는 것만큼 좋은 사람인지를 분명히 알고 싶기도 했고요.

반년 정도 아무도 모르게 연애를 했어요. 그런데 그쯤 되자 남자친구가 생기기 전의 삶이 더 좋게 느껴졌어요. 일이 이렇게 되자 친구와 동료 가운데 우리 관계를 아는 사람이 없다는 게 얼마나 다행스러웠는지 몰라요. 굳이 설명할 필요도 없고 신경쓸 것도 없었으니까요. 또다시 누군가와 만나게 된다면 그때도 비밀로 할 거예요. 비밀 덕분에 좋은 의도로 충고하려는 친구나 질투하는 지인 같은 타인의 영향을 받지 않고, 스스로 결정할 시간이 생겼으니까요.

'엘레나' 역시 이유는 다르지만, 부모와 친구에게 연애 사실을 감췄다.

이십대 중반의 여성입니다. 고등학교 졸업 후 대학교에 진학해 수화 강좌를 들었는데, 거기서 저보다 열한 살 많은 남자를 알게 되었습니다. 청각장애인이었지만 수화로 별 어려움 없이 대화할 수 있어서, 의사소통에는 전혀 문제가 없었습니다. 이 남자와 사랑에 빠졌습니다. 저희 둘은 얼마 지나지 않아 집을 구해서 함께 살기 시작했어요. 친구들은 그 사람을 제 남자친구로 인정했고, 저도 그 사람 옆에 있으면 마음이 편안했습니다. 그런데 넘어야 할 산이 하나 있었어요. 바로 부모님이었죠. 부모님은 그 사람을 무조건 거부했거든요. 굉장히 싫어했다는 표현이 맞겠네요. 제가 뭐가 부족해서 장애인을 만나는지 모르겠다고 생각하신 게 가장 큰 이유였어요.

사귄 지 2년쯤 되었을 때 저희 관계가 삐걱거린 적이 있어요. 무슨 일이었는지 지금은 기억도 나지 않을 만큼 사소한 문제였죠. 어쨌든 부모님은 그 기회를 놓치지 않고, 남자친구와 헤어지라고 설득하셨어요. 결국 부모님 말씀대로 헤어졌죠. 하지만 그와 헤어지고 나서 제 상태가 너무 안 좋았고, 우여곡절 끝에 다시 그 남자를 만났죠. 그렇다고 부모님과 또 싸울 용기는 없었습니다. 그래서 우리가 만난다는 걸 비밀에 부치기로 했어요. 나중에는 산책도 하고 외식도 했지만, 처음에는 집에서만 조심히 만났어요. 우리 관계에 대해서는 아무한테도 말하지 않았습니다. 심지어 친구들도 몰랐으니까요. 끊임없이 거짓말을 해야 하는 게 힘들었지만, 그럼에도 마음이 편안했고 자유롭다고 느꼈습니다.

그렇게 1년이 지난 후 저희는 다시 헤어졌습니다. 이번에는 제 의지로 관계를 청산했죠. 나이차가 많이 나는 게 가장 큰 원인이었고, 서로 다른 미래를 꿈꾸는 것도 걸림돌이 되었어요. 그뒤 다른 사람을 만났는데, 지금까지도 그에 대해 아무에게도 말하지 않았습니다. 사귄 지 벌써 1년이 다 되어가는데도요. 다른 사람의 의견이나 참견에 휘둘리지 않을 만큼 자신이 충분히 강하지 않거나 아직 확신이 서지 않는다면, 아무에게도 말하지 않는 편이 현명하다고 생각합니다. 비밀의 보호를 받으며 자신을 시험해볼 힘이 생기거든요. 그다음에는 옳다고 생각하는 것을 자유롭게 하면 되겠죠?

비밀은 우리가 세운 계획을 보호하며 목표에 이르도록 도와준다. 반대로 목표가 너무 높게 설정되었거나 실현 불가능하다고 판단될 경우에는 이를 포기하도록 돕기도 한다. 계획이나 목표를 주변에 성급히 알리면, 다른 사람이 참견하도록 여지를 주는 셈이다. 그러면 좋은 충고("나라면 이렇게 하겠어")나 압박("원하는 게 뭔지 이제 알 때도 되지 않았어?"), 혹은 이해 부족("도대체 그게 다 무슨 말이야?")이나 용기를 꺾는 말("알겠지만 안네도 비슷한 계획을 세웠다가 완전히 망했잖아")을 모두 감당해야 한다. 그러므로 아직 완전히 무르익지 않은 계획은 일단 혼자서만 알고 있는 편이 좋을 수 있다.

더욱이 계획이 실패했을 경우도 고려하지 않을 수 없다. 많은 사람이 계획에 대해 알고 있다면, 실패했을 때 회복하기가 더욱 어려워진다. 누군가 나를 지켜보는 것이 어떤 느낌인지 안다면, 그런 상황에서 실패를 인정하는 게 어떤 의미인지 감이 올 것이다. 예컨대 '안네그레트'의 경우가 그랬다. 그녀는 비밀을 들려줄 목적으로 연락해온 게 아니었다. 오히려 과거, 인생의 중요한 시점에서 비밀을 지키지 못했던 일을 후회했다. 그녀는 전화로 자기 이야기를 들려주었다.

오랜 직장생활 뒤 독립해서 제 사업을 하는 게 소원이었어요. 보험회사 사무직 직원으로 일했는데, 수입은 상당히 괜찮았지만 일이 지루해졌었거든요. 원래 제 꿈은 대서소를 직접 운영하는 거였어요. 회사를 다니는 동안에도 가끔 문서 따위를 대신 써주는 일을 해본 적이 있어서 사무실을 여는 데 자신도 있었고요. 회사에서 일하는 시간을 절반으로 줄이면서 사업 준비에 박차를 가했죠.

그 과정에서 어리석게도 모든 사람에게 계획을 말하고 말았죠. 놀라는 사람도 있었고, 부러워하는 사람도 있었고, 은근히 실패하기를 바라는 사람도 있었어요. 누가 그랬는지 알았지만 상관없었어요. 반드시 성공할 거라는 자신이 있었거든요. 처음에는 대서소가 상당히 잘 돌아갔어요. 광고를 보고 기업에서 외주가 들어오기도 했고요. 그런데 일에 필요한 시간을 제대로 예측하지 못했던 게 착오였어요. 생각보다 훨씬 긴 시간이 걸려서 많은 일을 처리할 수가 없었고, 따라서 수익이 나지 않았죠. 거기서 포기하고 싶지 않아서 계속 노력했지만 일을 빨리 해낼 수 없다는 사실만 절실히 깨닫게 되었어요. 더 힘들었던 건 혼자 외롭게 일해야 한다는 점과 고객을 스스로 찾아다녀야 한다는 점이었죠.

1년쯤 지나자 예전 직장에서 다시 상근직으로 일하고 싶었어요. 하지만 동료들이 보면 뭐라고 하겠어요? 부끄러웠습니다. 다른 사람이 뭐라고 하든지 개의치 않을 수도 있었겠지만, 그러지 못했어요. 이제 와서 생각해보면 계획을 부주의하게 여기저기 떠들고 다닌 일이 후회스러워요. 아무 말도 하지 않았거나 적당한 핑계를 대고 근무시간을 줄였더라면 "그래서 대서소는 잘돼가?" 하고 사람들이 비꼬면서 던지는 질문에 대꾸하지 않아도 되었을 텐데요. 이전 회사에 복직했지만, 오래 버티진 못했어요. 지금 다니는 회사는 월급도 이전 회사보다 적은데 일은 더 지루하기 짝이 없죠.

그녀의 이야기는 인생에서 중요한 일을 앞두고 있거나 중대한 결정을 내려야 할 때 체스를 두는 사람의 태도를 본보기로 삼아야 한다는 것을 보여준다. 체스를 두는 사람은 마지막에 승자가 되기 위해 머릿속에서 계획한 말의 진행 방향을 절대 드러내지 않는다. 물론 남에게 절대 속마음을 보여줘서는 안 된다는 이야기는 아니다. 중요한 결정을 내리기 전 신뢰하는 사람에게 조언을 구할 수는 있다. 하지만 스스로 확신이 서지 않거나 계획을 없던 것으로 물릴 가능성을 열어두고 싶다면 너무 많은 사람에게 알리지 않는 편이 좋다. 우타가 고등학교 졸업시험을 치른다고 주변 사람에게 말했다면 모든 과정을 견뎌낼 수 있었을까? 우타는 "정말 스트레스를 많이 받던 시기가 있었어요. 그때 살도 많이 빠졌고요. 보는 사람마다 저보고 어디 아프냐고 묻는 거예요. 제가 공부와 일, 두 가지를 병행한다는 사실을 알았더라면 저를 설득했겠죠. 그러면 제 마음이 약해졌을 수도 있고요. 그때는 정말 힘들었어요"라고 털어놓았다.

또한 이름가르트가 심리치료를 받는다는 사실을 다른 사람에게 말했더라면, 이를 정당화하려고 안간힘을 써야 했을 것이다. 비슷한 상황에 처해본 사람이라면 사람들이 심리치료에 대해 어떻게 생각하며 어떻게 말하는지 잘 알 것이다. "심리치료가 대체 뭐가 좋은데" "뭐라고? 일주일에 세 번씩이나? 너무 자주 간다. 내가 아는 치료사가 있는데 이 사람은 2주에 한 번씩만 환자와 면담해" 혹은 "아직도 치료를 받으러 다녀? 별로 효과가 없나보네" 같은 말로 의도치 않게 상처를 줄 수도 있다.

목표, 고민, 계획, 희망사항을 시험해볼 공간이 필요한 경우에는 이를 비밀로서 숨겨놓아야 한다. 이 공간에는 조언이나 충고, 경고라는 명목 아래 영향을 끼치려는 청중이 들어설 자리가 없다. 우리는 이런 비밀이라는 보호공간 안에서 스스로 세운 계획을 시도했다가 집어던지고, 새로 시작하고, 끝내는 포기해버릴 수 있다. 어디로

목표, 고민, 계획, 희망사항을 시험해볼 공간이 필요한 경우에는 이를 비밀로서 숨겨놓아야 한다. 이 공간에는 조언이나 충고, 경고라는 명목 아래 영향을 끼치려는 청중이 들어설 자리가 없다.

향할지 확실히 방향을 잡지 못할 때도 비밀이 필요하다. 그러다 결정을 내리는 순간, 비밀은 그 사명을 다한다.

'그에게 내가 모르는 부분이 있다니 견딜 수 없어. 우린 서로 사랑하는걸……'
하지만 '우리' 사이엔 '나만의 공간'이 필요하다

누군가와 사랑에 빠지면 서로 영원히 믿을 것이며 아무것도 숨기지 않겠다고 다짐하곤 한다. 언제나 진실되게 임하는 것이 관계의 필수조건이며 사랑 또한 변해서는 안 된다고 굳게 믿는다. 하지만 안타깝게도 이런 맹세와 믿음이 이별의 원인이 되기도 한다. 모든 것을 전부 밝히고 드러내는 것은 행복한 관계를 만드는 마법의 열쇠가 아니다. 오히려 상황에 따라서는 불행의 무덤을 판 꼴이 될 수도 있다. 아무리 모든 것을 줄 수 있을 만큼 사랑하는 연인 사이라도 감춰야 할 것이 있기 마련이고 때론 거짓말이 필요한 상황도 있다. 이런 말을 들으면 안색을 바꾸며 화를 내는 사람이 있을지도 모른다. 누가 사랑하는 사람에게 속고 싶겠는가. 인생에서 가장 가까운 사람이 내게 무언가를 숨긴다고 생각하면 화가 나지 않을 사람이 어디 있을까.

비극적인 결말을 지닌 멜뤼진 전설과 로엔그린 전설을 보면, 지금 사랑하고 있는 사람 모두가 한 번쯤은 생각해봐야 할 교훈이 있다. 두 전설에 각각 등장하는 루지냥 공작과 엘자는 연인에게 비밀이라는 자유공간을 보장한다는 약속을 지키지 않고, 진실을 밝힐 것을 요구했다가 큰 대가를 치른다. 루지냥 공작은 부인 멜뤼진의 뒤를 몰래 밟았고, 엘자는 남편 로엔그린에게 그의 심기가 불편해질 만한 질문을 해대며 진실을 캐물었다. 결국 두 사람 모두 이로 말미암아 인생의 행복을 잃고 말았다.

루지냥 공작은 프랑스 푸아투 지방에 자리잡은 성에서 외롭게 살고 있었다. 그러던 어느 날, 공작은 멜뤼진이라는 아름다운 여인과 열정적인 사랑에 빠졌다. 이 사람 외에 다른 사랑은 절대 있을 수 없다고 생각한 공작은 그녀와 결혼하기로 결심했다. 그런데 멜뤼진은 결혼 전 한 가지 조건을 내세웠다. 자기가 목욕할 때 절대 봐서는 안 된다는 조건이었다. 사랑에 눈이 먼 공작에게 이런 약속은 아무 일도 아니었고, 그렇게 둘은 결혼했다.

행복한 나날이 이어졌고, 아이도 네 명이나 태어났다. 치아가 다른 아이들에 비해 크다거나 눈이 이상할 정도로 반짝인다는 몇몇 특이한 점이 있긴 했지만 아이들은 모두 잘 자라주었다. 그런데 시간이 흐르면서 공작은 부인이 목욕하는 모습을 한 번도 보지 못한 것이 이상하게 느껴졌다. 일단 의문이 피어오르자 부인이 행여 무언가를 숨기는 것은 아닌지 궁금해졌다.

결국 더이상 호기심을 참지 못한 공작은 하녀를 통해 아내가 언제 목욕하는지 알아낸 후 조심스럽게 뒤를 밟았다. 그렇게 해서 눈앞에 펼쳐진 광경을 본 순간, 그는 숨이 턱 막힐 정도로 깜짝 놀라고 말았다. 아내가 목욕을 하면서 용으로 변했던 것이다. 공작은 어쩔 줄 몰라 자기도 모르게 소리를 질렀다. 용으로 변한 멜뤼진도 화들짝 놀라 남편이 있는 쪽을 보고는 그대로 영원히 성을 떠나버렸다. 이때부터 루지냥에게 불행이 몰아닥쳤다. 지역 농부들에 의하면 멜뤼진의 가족이 죽을 때마다 용 한 마리가 성 주변을 날아다니며 눈물을 흘렸다고 한다.

브라반트 대공은 죽으면서 유일한 상속녀인 엘자를 남겨뒀다. 그는 엘자가 모든 책임을 지는 것을 원치 않았기에, 텔라문트 공작에게 장차 여대공이 될 엘자를 보좌해줄 것을 약속받았다. 하지만 대공이 죽자 공작은 대공이 엘자를 부인으로 주겠다고 약속했노라 거짓말을 했다. 엘자는 황제 하인리히에게 도움을 청했지만, 황제는 공정한 결정을 내리지 못했다. 대공과 공작 사이에 어떤 이야기가 오갔는지 증언해줄 사람이 없었기 때문이다. 결국 황제는 신에게 재판을 맡기기로 했고, 엘자는 자신을 대신해서 텔라문트와 싸워줄 기사를 찾아야 했다. 그녀는 "여대공을 위해 싸울 준비가 된 사람은 황제 앞으로 나와라!"라고 외쳤지만 아무도 나서지 않았다.

그런데 잠시 뒤 강 위로 거룻배 한 척이 다가왔다. 거기에는 번쩍이는 무기로 무장한 기사가 늠름히 서 있었다. 더욱 놀라운 것은 배를 모는 방법이었다. 은색으로 빛나는 백조 한 마리가 배를 끌고 있었던 것이다. 낯선 기사는 물가로 사뿐히 내려온 뒤 백조를 돌려보냈다. "이제 천상의 낙원인 집으로 돌아가거라." 귀족으로 보이는 그 기사는 엘자에게 다가가 자신을 소개했다. "로엔그린이라고 합니다." 그러고는 텔라문트와 겨루도록 허락해달라고 청했다. 엘자는 당연히 이를 허락했고 그는 승리를 거두었다. 엘자는 고마운 마음에 로엔그린의 아내가 된다.

하인리히 황제가 참석한 가운데 결혼식이 거행되었다. 로엔그린은 아리따운 부인을 집으로 데리고 가기 전, 기사단이 따라야 하는 맹세의 계명을 말해준다. "내가 어디에서 왔는지 결코 물어서는 안 돼요, 엘자. 절대로 이 맹세를 깨지 말아요. 만약 맹세를 깨면 영영 나를 잃고 말 거예요." 엘자는 맹세했고 이후 두 사람은 아이들과 함께 행복하게 살았다. 그런데 시간이 지나면서 엘자는 로엔그린이 어디서 온 사람인지 알고 싶어졌다. 게다가 궁전에 안 좋은 소문까지 돌고 있어서 매우 불안했다.

결국 엘자는 남편에게 직접 물어보는 것 외에는 다른 방법이 없다고 생각했다. 그녀는 "사랑하는 그대여, 사랑을 찬미했던 사람은 서로 신뢰해야 하지 않을까요?"라며 우물쭈물하면서 말을 꺼냈다. 로엔그린은 즉시 저의를 알아채고는 경고하듯 바라보았다. "그 질문은 내가 당신에게 해야 할 질문 같군요, 엘자." 하지만 엘자는 그의 말을 이해하지 못하고 "아이들이 부모가 어디서 왔는지도 모르면 아이들에게 죄를 짓는 것이 아닐까요?"라고 질문을 이어갔다. 이에 로엔그린은 노여워했다. "엘자, 당신은 우리의 행복을 위험에 빠뜨리고 있어요. 그만두시오!" 하지만 엘자는 뒤로 물러서지 않았다. "나를 진정으로 사랑한다면 당신이 어디에서 왔는지 말해보세요, 로엔그린." 순간 로엔그린의 얼굴이 창백해지면서 사랑하는 아내를 바라보았다. "엘자, 이제 우리가 부부로서 행복했던 시간은 지나갔소. 불운을 가져오는 말은 이미 나오고 말았으니까. 저쪽을 보시오."

엘자는 로엔그린이 팔을 죽 펴서 가리킨 쪽을 바라보았다. 백조가 침착하게 배를 끌고 오고 있었다. 엘자의 입에서 힘없이 "아, 백조"라는 말이 튀어나왔다. "맞아요, 백조." 로엔그린이 침울하게 말했다. "이제 내가 머무를 시간은 얼마 남지 않았소." 그는 애정이 담긴 눈빛으로 아내를 바라보고 그녀를 높이 안아 올리며 말했다. "당신이 그토록 알고 싶어했던 것을 말해주겠소. 나의 아버지는 파르치팔이오. 성배를 지키는 자이며 성배수호기사단의 수장이오. 나 역시 이 기사단에 속하오. 우리는 기사단의 규정에 따라 귀족이 어려운 상황에 처했을 때 도와준다오. 내가 당신 곁에서 도움이 되었던 것처럼." 백조가 부르는 소리가 물가에서부터 울렸다. "곧 간다." 로엔그린이 백조에게 답했다. 그후로 그를 본 사람은 아무도 없었다.

멜뤼진과 로엔그린은 사랑하는 사람에게 비밀을 감췄다. 루지냥 공작과 엘자의 입장에서 봤을 때 이것은 '열린 비밀'이다. 상대방이 말하고 싶어하지 않고, 말해서는 안 되는 무언가를 감추고 있다는 사실을 알기 때문이다. 상대의 비밀을 인정하고 이에 대해 간섭하지 않으면 행복한 나날을 보낼 수 있다고 보장받았지만, 공작과 엘자는 불안과 호기심 때문에 약속을 지키지 못했다. 상대에게 자기가 들어가지 못하는 영역이 있다는 사실을 참지 못했던 것이다. 공작과 엘자는 비밀을 캐묻는 바람에 소중한 사랑을 잃는 대가를 치러야 했다.

물론 현실의 관계는 이처럼 환상적이지도 않고 극적이지도 않다. 현실에는 마법의 용도, 고귀한 기사도 없다. 그렇지만 이런 전설을 통해 일상에도 적용 가능한 교훈을 얻을 수 있다. 아무리 부부 사이라도 서로에 대해 모든 것을 알려고 해서는 안 된다는 점이다. 심리학 책, 잡지 기사 등에서 '애정관계를 성공적으로 이끌려면 모든 것을 있는 그대로 보여주는 것이 기본이다' 같은 말을 접해온 사람에게 이런 교훈은 이상하게 생각될 수도 있다. 비밀은 전혀 건전하지 않으며, 더군다나 연인관계에는 치명적이라고 들어왔기 때문이다.

하지만 과거에는 상대에게 모든 것을 공개하라고 강요하는 문화가 없었다. 사회학자이자 심리학자인 카를 렌츠는 이와 관련한 문서들을 연구하면서, 연인은 서로 무한정 솔직해야 한다는 요구가 지난 세기에 들어서야 큰 소리를 내기 시작했다는 사실을 입증했다. 실제로 1950년대에 나온 애정관계를 위한 추천도서를 보면 서로에 대해 모든 것을 알 필요는 없다는 사실을 매우 당연시했다는 것을 알 수 있다. 렌츠는 작가 에른스트 아라누스가 1959년 집필한 『후회 없는 사랑』에서 이러한 충고를 인용한다. "남편에게 절대로 당신의 생각과 감정을 있는 그대로 알리지 마세요. 너무 많은 말을 하지 말고, 현명하게 앞을 내다보면서, 무엇을 말할지 잘 선택해야 합니다."

그런데 2000년 수전 페이지는 이와는 완전히 반대의 조언을 책에 적었다. "친밀감을 느끼려면 서로 열린 마음으로 솔직하게 대해야 한다. (…) 친밀감이란 자신의 본성 중에서 밖으로 보여주기 위한 특정한 성향을 벗어버리고 내면을 다른 사람과 공유하는 경험이다. 이 정의에 따르지 않고 마음속에서 일어나는 일을 완전히 알리지 않는다면, 겉으로는 친밀해 보일지 몰라도 진정한 친밀감이라고 할 수 없다."

이런 조언을 따른 연인들은 서로의 삶을 무한정 들여다볼 수 있게 허락한다. 그들은 이렇게 하면 진정한 친밀감을 경험할 수 있다고 믿는다. 하지만 이렇게 공을 들였는데도 진정한 친밀감이 형성되지 않으면 놀라고 불안해한다. 서로에 대해 너무 많은 것을 알면 오히려 상대에게 실망할 수 있다는 사실은 모른 채 말이다. 사회학자 게오르크 지멜은 자신에게 일어난 일 전부를 연인과 공유하고자 하는 바람은 매우 위험할 수 있다고 경고한다. 이런 요구는 '어느 날 텅 빈 손으로 상대방과 마주하는 상황을 만들 수 있다'는 것이다. "상대의 바닥까지 보면 매력의 한계 역시 보게 된다. 이는 상대에게 매력을 느낄 수 있도록 하는 환상을 저지한다. 매력을 잃은 진실은 우리에게 아무런 보상이 되지 않는다." 지멜은 상호간에 비밀이 없다면 부부관계에 금이 갈 수 있다고 믿는다. 더이상 놀라워할 여지가 없기 때문이다.

17세기에 살았던 어느 현자는 '비밀이 없으면 사랑이 더이상 즐겁지 않다'고 했다. 가족심리치료사 에번 임버 블랙은 치료를 받으러 온 부부를 관찰하면서 이 점을 확신했다. 그는 부부가 둘 사이에 어떤 비밀도 없다고 말할 때면 그들이 항상 약간 불편해하는 것을 느꼈다고 한다. "비밀이 없다는 것은 경계와 독립적인 자아, 사적인 편지나 일기장, 자신의 꿈을 위한 공간, 궁금증이 없다는 것을 의미합니다. 두 명의 '나'가 '우리' 속으로 완전히 용해되면 서로 다르기 때문에 생기는 기쁨이 사라집니다. 그래서 서로에게 비밀이 없는 부부가 지루하고 적막한 관계 때문에 상담을 받으러 오는 경우가

연인들은 서로의 삶을 무한정 들여다볼 수 있게 허락한다. 그들은 이렇게 하면 진정한 친밀감을 경험할 수 있다고 믿는다. 하지만 이렇게 공을 들였는데도 진정한 친밀감이 형성되지 않으면 놀라고 불안해한다. 서로에 대해 너무 많은 것을 알면 오히려 상대에게 실망할 수 있다는 사실은 모른 채 말이다.

많습니다."

'우리'라는 구속에 대항해 '나'를 보호하는 최상의 방법은 상대방이 들어올 수 없는 자유공간을 서로 허용하는 것이다. 심리학자 쿠르트 레빈은 '자유롭게 움직일 수 있는 공간'이 개인에게 얼마나 중요한지 집단의 예를 통해 보여준다. "특정 집단에 속했다고 해서 집단이 추구하는 목표와 결정사항, 사고방식의 모든 면을 개인이 그대로 따라야 하는 것은 아닙니다. 개인에겐 개인의 목표가 있습니다. 이런 개별적 목표 설정을 따르고 원하는 것을 충족하려면, 집단 안에서도 자유롭게 움직일 수 있는 공간이 필요합니다. 집단에 적응하고 이 안에서 성공적인 삶을 이루는 문제는 개인의 관점에서 봤을 때 '집단에서 내 위치를 잃지 않고 소속감을 유지하면서, 내 욕구를 충분히 채우려면 어떻게 해야 할까?' '자유로운 공간이 너무 작은 경우, 집단에서의 자율성이 충분하지 않은 경우, 나는 불행하다고 느끼는가?' 같은 질문으로 표현해볼 수 있습니다. 개인의 희망사항이 아주 일부만 실현된다면 집단을 떠날 수밖에 없습니다. 또 집단의 소속원이 자유롭게 움직일 수 있는 폭이 너무 좁으면 집단 자체가 와해되죠."

다른 사람에 대해 모든 것을 알고 싶은 마음은 이해할 만하다. 특히 연인관계로 발전하는 단계에서는 상대의 마음을 활짝 열고 그 속으로 들어가고 싶어진다. 하지만 아무리 그렇더라도 삶의 특정 부분에 대해서는 존중해줄 필요가 있다. 연인관계가 지속될수록 '아는 것'과 '알지 못하는 것'의 균형을 유지하는 일은 더 중요해진다.

비밀 연구자 크리스티아네 크라프트 알숍은 성공적인 연애를 위해 아주 사소한 비밀이라도 지키는 것이 얼마나 중요한지 귀납적 연구로 증명했다. 크라프트 알숍은 연인과 사귄 지 최소 1년 이상 된 여성 22명과 남성 19명에게 상대방이 자신에 대해 모르는 편이 낫다고 생각되는 면이 있는지 물었다. 혹은 자신에 관한 어떤 사실을 상대방이 알고는 있지만 그 의미에 대해서는 잘 모르는 경우가 있는지도 물었다. 여기에 더해 집에 있는 물건 중에서 상대방에게 큰 의미가 있지만, 자신은 어떤 의미인지 모르는 것이 있는지도 물었다. 절반 이상이 자기에게 이런 비밀이 있거나 상대방에게 이런 비밀이 있을 거라고 추측한다고 답했다. 상대방이 알아서는 안 되는 물건은 주로 일기장, 편지, 메모장같이 개인의 기록이 담긴 물품이거나 절대 열어봐서는 안 되는 상자, 파일, 서랍 등이었다. 조각품, 그림 혹은 사진에 대해서 상대방에게 의미를 말해줄 생각이 없다고 대답한 사람도 많았다.

비밀을 감추는 주된 원인은 자기만의 영역을 원하기 때문이다. 연구에 참여한 어느 여성은 왜 연인이 자신의 일기장을 봐서는 안 되는지에 대해 이렇게 설명했다. "일기장은 저에게만 속하지, 우리 관계에 속하는 게 아니에요. 애인이 제 일기장을 봐야 할 필요는 없어요. 제가 그에게 먼저 보여주는 것은 다른 문제지만요."

또다른 동기는 본인의 감정이나 추억을 지키고 싶은 마음에서다. 전 애인에게서 받은 편지를 현재 애인이 보게 되는 상황을 원하는 사람은 없다. 이전의 관계가 부끄러워서일 수도 있고, 지나간 시간의 아름다운 추억을 다른 사람의 질투 때문에 망가뜨리고 싶지 않아서일 수도 있다. 한 응답자는 "저에게는 좋은 추억이잖아요. 지금 애인이 저랑 같이 이 편지를 읽고 싶어할 거라고는 생각 안 해요. 저 역시 제 추억을 이 사람과 나누고 싶지 않고요"라고 말했다. 조형물이나 장신구, 벽에 걸린 그림에 어떤 사연이 담겼는지 상대방이 알게 되면 상처를 입을지 모른다고 걱정하는 사람도 있었다.

크라프트 알솝은 애정관계에 존재하는 비밀은 '상대적'이거나 '절대적'이라고 말한다. 상대적 비밀이란 상대방이 일기장의 존재에 대해서는 알지만, 찾으려 하지 않고 찾을 마음도 없는 경우를 말한다. 애정관계에 상대적 비밀이 있다는 것은 서로 신뢰하고 각자의 사생활을 인정한다는 뜻이다. 한 남성은 다음과 같이 진술했다. "내가 열어서는 안 되는 서랍도 없고, 여자친구가 들여다봐서는 안 되는 서랍도 없어요. 모든 것을 찾고 들여다볼 수 있죠. 하지만 우리는 그러지 않습니다." 다른 응답자는 일기에 대해서 이렇게 말했다. "남자친구는 제 일기장이 어디에 있는지 알 거예요. 하지만 그가 일기를 읽지 않을 거라고 믿어요." 이와는 달리 상대방이 일기나 사진 혹은 편지가 있다는 사실 자체를 모를 경우에는 절대적 비밀이 된다. 이런 물건은 잘 숨겨져 있거나 직장 같은 다른 장소에 보관되는 경우가 많다. 절대적 비밀이 존재한다는 것은 관계에 있어 자유공간이 너무 작거나 없으며, 아예 있을 수도 없다는 의미일 가능성이 높다.

현재의 애정관계에서 서로 사생활을 지킬 권리를 얼마나 누리고 있는지 시험해보고 싶은 사람은 다음의 질문을 통해 알아볼 수 있다. 심리치료사 로즈마리 벨터 엔덜린은 자유공간이 너무 작다고 생각하는 부부를 진단할 때 이를 사용했다.

우리 사이엔 '나만의 공간'이 존재할까?
사생활에 관한 일곱 가지 질문

◆ 퇴근 후 집에 오면 아이를 돌보거나 집안일을 하기 전, 자신을 위해 시간을 낼 수 있습니까? 가족과 무언가 하기 전 혼자서 잠깐 휴식을 취할 수 있습니까?

◆ 부부 중 한 명이 사적인 일을 원할 경우, 집에 이를 위한 공간이 있습니까?

◆ 일기나 편지를 숨기고 싶을 때 아무도 손댈 수 없는 장소가 있습니까?

◆ 배우자와 떨어져 혼자만의 시간을 누리고 싶을 때 어떻게 합니까?

◆ 돈 관리는 어떻게 합니까? 두 사람 모두 배우자의 허락 없이 돈을 쓸 수 있습니까? 배우자의 수입이 얼마나 되는지 알고

있습니까? 어떤 목적으로 얼마나 지출할지 결정하는 사람은 누구입니까?

◆ 육아나 식사 준비에 신경쓰지 않고 개인적 시간을 누리기 위해 잠깐 가족에게서 떨어질 수 있습니까?

◆ 본인이 관심을 두는 분야를 즐길 시간이 있습니까?

아무리 끈끈한 사이라도 말하지 않는 생각과 방해받지 않는 시간, 아무도 모르는 활동적인 내면의 삶을 위한 공간은 반드시 있어야 한다. 부부심리치료사 프랑크 나우만은 사랑을 유지하는 데 비밀이 얼마나 중요한지 강조하면서, 어떤 경우에도 아래와 같은 주제에 대해서는 입을 열지 않는 편이 좋다고 조언한다.

◆ 상대방이 이루어줄 수 없는 희망사항이 있을 때

◆ 상대방이 도와줄 수 없는 문제가 있을 때

◆ 상대방의 특정 태도 때문에 화가 나지만 상대방이 이를 고칠 수 없다는 사실을 알 때

◆ 배우자나 연인 외에 다른 사람이 등장하는 에로틱한 꿈을 꾸었을 때

◆ 상대방의 가장 친한 친구를 견딜 수 없을 때

관계에 지나치게 연연하는 태도와 개인공간의 부족은 연인관계

를 위태롭게 하는 요소다. 종종 아무런 이유 없이 질투심이 유발된다면, 감정적으로 너무 일체화되어 주체성이 떨어졌다는 신호일 수 있다. 질투하는 사람은 상대방이 완전히 이해할 수 없으며 소유할 수도 없는 개별적 존재라는 사실을 받아들이기 어려워한다. 이와는 달리, 상대방을 독립된 개인으로 인정하고 이를 흥미롭게 생각하면, 안정적이면서도 동시에 긴장감이 도는 관계를 유지할 수 있다.

철학 교수 모리스 마시노는 연인 사이에 하는 거짓말을 관계에서 주체성을 유지하기 위한 정당한 수단이라고 주장한다. 마시노는 '진실된 사랑'이라는 주제를 연구하면서 믿음에 대해 말해줄 수 있는 연인을 구한다는 광고를 냈다. 수많은 사람들이 관심을 보이고 연락했지만, 정작 그들이 꺼내놓은 이야기는 대부분 불신, 거짓말 같은 주제였다. 그는 연구 끝에 '거짓은 사랑의 한 형태'라는 결론에 다다랐다. 진정으로 사랑하는 연인은 자신과 상대를 지키기 위해 '좋은 거짓말'을 할 수 있다는 것이다.

왜 사랑하는 사람에게 거짓말을 할까? 마시노는 "사람들은 친밀감을 해친다고 느끼면 거짓말을 합니다. 오늘날 연인관계에서 상대에게 모든 것을 투명하게 공개하라고 요구하는 것은 불가능합니다. 그런데도 이것이 사랑과 믿음에 대한 증거로 평가되고 있습니다. 오늘날 사람들은 자신을 위해 자물쇠가 채워진 서랍 하나도 가질 수 없을 정도입니다"라고 설명한다. 그러다보니 자유공간을 얻기 위해 거짓말을 하는 사람도 있다. 한 남자는 이따금 한 시간 정도라도 혼자 있고 싶다는 이유로 부인에게 거짓말을 한다고 마시노에게 털어놓았다. 마시노는 "수년 동안 원만하게 잘살고 있는 부부는 서로에게 모든 것을 이야기하지 않는 경우가 많습니다. 행복한 관계를 유지하는 사람들을 보면, 편안한 관계를 만드는 데 진실과 거짓이 상호보완적인 역할을 한다는 것을 알 수 있습니다"라고 덧붙인다.

작가 에이드리언 리치 역시 "당신과 진지한 관계를 맺기 위해 나는 당신의 모든 것을 이해하지 않아도 되며, 당신에게 모든 것을 즉시 말하지 않아도 된다. 또한 나는 당신에게 하고 싶은 말이 무엇인지 미리 염두에 두지 않는다. 이는 내가 당신에게 열망을 느끼며 당신에게 무언가를 털어놓을 기회를 얻길 원한다는 의미다. 어쩌면 이런 기회가 두려워질 수도 있겠지만 나를 파괴할 정도는 아니다. 또한 나는 당신이 찾아다니는, 분명한 진실을 들을 수 있을 만큼 충분히 강하다고 느낀다. 우리 두 사람은 둘 사이에 놓인 진실의 가능성을 잡으려 끊임없이 노력한다는 사실을 알기 때문이다"라고 말한다.

솔직하게 모든 것을 말할 수 있는 상대는, 내게 아무런 의미가 없는 사람뿐

관계를 매끄럽게 해주는 '이타적 비밀'들

몇 년 전 친구에게 티셔츠를 선물했는데, 이 친구가 주저 없이 이렇게 반응했다. "이 부분 별로네. 색깔도 나한테 안 어울리고. 아무래도 잘 안 입을 것 같은데, 어쩌지……" 마음에 들지 않는 선물을 받았을 때 어떻게 해야 할까? 내 친구처럼 솔직하게 말해야 할까? 아니면 미소를 보이며 "고마워, 정말 예쁘다"라고 거짓말을 하는 게 나을까? 아마도 많은 사람이 선물한 사람의 마음을 생각해서 후자를 택할 것이다. 그렇게 하는 편이 쓸데없는 스트레스도 줄일 수 있을 테니까. 내 친구도 솔직하게 말한 탓에 실망하고 슬퍼하는 내 옆에서 한참을 위로하고 사과해야 했다.

또다른 비슷한 상황을 보자. 저녁식사에 초대받았는데 소름 끼칠 정도로 맛없는 음식이 나왔다고 가정하자. 식사가 끝난 후 초대한 사람이 음식이 어땠는지 물었을 때 어떻게 반응할 것인가. "음식이 너무 짜고 기름기가 많았어요"라고 대답할 사람은 없을 것이다. 마찬가지로 아내가 새로 구입한 원피스를 보고 어울리지 않는다고 솔직하게 말해서, 아내의 기분을 상하게 만들 남편도 없을 것이다. 굳이 아내의 기분을 상하게 만들지 않음으로써 남편의 마음도 편해질 수 있다. 이런 거짓말을 '이타적 거짓말'이라고 부른다. 이는 불필요한 갈등을 방지해 다른 사람의 기분과 감정을 보호하고, 더 나아가 마찰 없는 관계를 유지시킨다.

영화배우 게리 쿠퍼에게는 퍼트리샤 닐이라는 오랜 연인이 있었는데, 닐도 쿠퍼에게 이타적 거짓말을 한 적이 있다. 그녀는 자서전 『진실』에서 쿠퍼가 얼굴에 웃음이 가득한 채 쇼핑에서 돌아온 적이 있다고 회상한다. 그는 닐을 위해 깜짝 놀랄 선물을 준비했다고 말하며, 가방 속에서 흰색 물방울 무늬가 들어간 빨간 원피스를 꺼내들었다. 그때 닐은 사실 그다지 기쁘지 않았다. 디자인도 별로였고, 자기에게 그리 어울리지 않았기 때문이다. 하지만 닐은 연인을 실망시키지 않으려고 기뻐하면서 받았고, 이후 몰래 재단사에게 수선을 맡겼다. 다행히 쿠퍼는 원피스가 달라진 것을 알아차리지 못했다. 닐은 이를 예로 들면서 종종 진실을 말하는 것보다 핑계를 대는 것이 더 좋을 때가 있다고 말한다.

퍼트리샤 닐은 그리 중요하지 않은 작은 비밀을 감췄다. 이와 같은 이타적인 비밀은 별것 아닌 것처럼 보이지만 관계를 매끄럽게 해주는 중요한 수단이다. 우리가 꾸밈없이 솔직하게 모든 것을 말할 수 있는 건 상대가 나에게 아무런 의미도 없는 사람이거나 두 번 다시 보지 않을 사람이거나 심지어 삶에서 지워버려야 할 사람일 경우뿐이다. 친밀한 관계에서 상대에게 의도치 않은 상처를 주는 일을 피하고, 자신의 내면이 있는 그대로 노출되지 않도록 하려면 비밀과 신중함, 눈치가 있어야 하며, 때로는 침묵을 지킬 줄도 알아야 한다.

어떤 사회적 상황에서는 생각과 감정에 대해 침묵함으로써 일상을 더 잘 헤쳐나가고, 불필요한 문제로부터 자신과 타인을 지킬 수 있다. 이때 앞에서 언급했듯 "헤어스타일이 잘 어울리는데" "아니, 살 찐 것 같지 않은데" 같은 이타적 거짓말이 도움이 된다. "아니, 그 자리에는 전혀 관심없어"라든가 "살쪄도 괜찮아" 혹은 "내가 파티에서 봤던 그 남자에게 관심 있다니 대체 무슨 근거로 그렇게 말하는 거야?"와 같이 소위 '자기본위적인 거짓말'도 마찬가지로 유용하다.

우리는 가끔 삶에서 일어나는 일과 사건에 비밀이라는 커다란 외투를 입힌다. 다른 사람이 어떤 반응을 보일까 두려워서, 남을 실망시키지 않으려고, 관계를 맺은 사람끼리 되도록 스트레스를 주고받지 않기 위해서다. 이때 방패 역할을 하는 비밀은 진정한 생각과 감정을 혼자만 간직하도록 함으로써, 우리의 마음(물론 다른 사람의 마음 역시)을 편하게 한다.

미국 심리학자 루시 베르트와 제니 플레허티는 비밀을 품은 여성 네 명을 상대로 진행한 인터뷰를 통해, 진짜 무슨 생각을 하는지 상대방이 보지 못한다는 것이 어떤 의미인지 보여줬다. 베르트와 플레허티는 실험 대상자들의 비밀이 무엇인지도 궁금했지만, 그보다는 진심을 숨기는 동기가 무엇인지 알고자 했다.

첫번째 여성은 동성애자라는 사실을 엄마에게 밝히지 않고 5년간 지내다가 최근에야 커밍아웃을 했다. 그녀는 오랫동안 비밀을 유지한 동기에 대해 "달리 선택할 수 없었어요. 내 삶이 가장 중요했어요. 가족은 생각하지 않고 그냥 하고 싶은 일을 하려고 했죠. 가족에게 많이 지쳐 있었거든요. 그래서 독립적인 삶을 살고 싶었어요"라고 설명했다. 그녀는 자신이 모든 것을 감당할 만큼 충분히 강해졌다고 느꼈을 때 비밀을 밝혔다. 두번째 여성 역시 동성애자임을

이타적인 비밀은 별것 아닌 것처럼 보이지만 관계를 매끄럽게 해주는 중요한 수단이다. 우리가 꾸밈 없이 솔직하게 모든 것을 말할 수 있는 건 상대가 나에게 아무런 의미도 없는 사람이거나 두 번 다시 보지 않을 사람이거나 심지어 삶에서 지워버려야 할 사람일 경우뿐이다. 밀접한 관계에서 상대에게 의도치 않은 상처를 주는 일을 피하고, 자신의 내면이 있는 그대로 노출되지 않도록 하려면 비밀과 신중함, 눈치가 있어야 하며, 때로는 침묵을 지킬 줄 알아야 한다.

수년 동안 숨겨왔다. 자신을 방어하기 위해서라기보다는 아버지를 보호하기 위해서였다. "내가 동성애자라는 사실을 알면 아버지가 자책할까봐 두려웠어요. 어떻게 반응할지 몰랐지만, 겁이 났죠. 쉽게 입이 떨어지지 않더군요."

세번째 여성은 오랫동안 한 여성과 사귀었다. 그녀는 원래 그 애인하고만 관계를 유지하고자 했지만, 어느 순간 다른 여성과 동시에 만나게 되었다. 외도는 6개월간 지속되었다. 베르트와 플레허티가 외도를 숨긴 이유를 물었을 때 그녀는 "두려워서 그랬어요. 원래 애인과의 관계가 끝날까봐 무서웠어요. 그러고 싶지 않았거든요"라고 답했다. 네번째 여성은 결혼한 지 4년이 지났을 때에야 남편을 사랑하지 않으며 한순간도 사랑한 적이 없었다는 사실을 깨달았지만, 남편에게 털어놓지는 않았다. 그녀는 11년 동안 부부생활을 유지하고 나서야 비로소 진실을 밝히고 헤어졌다. "나는 이 남자를 사랑하지 않아. 그를 참고 지낼 수 없어, 라고 생각하게 되면서 비밀이 생겼어요. 하지만 이런 생각을 애써 부인하고 살았어요. 겉 따로 속 따로 살아온 거죠." 그녀는 어째서 그렇게 오랫동안 침묵했을까? "부부라는 관계를 끝내는 게 두려웠어요. 결혼은 신성하고 이혼은 죄악이라고 배웠으니까요. 남편을 보호하고 싶어서 말하지 않은 것도 있고요. 물론 저를 방어하려는 마음도 있었죠."

물론 이 네 가지 이야기에 등장하는 비밀이 모두 이타심에서 비롯한 건 아니다. 하지만 네 여성의 사례는 어떤 방식으로든 비밀이 보호 역할을 한다는 사실을 보여준다. 이들은 비밀을 통해 자신 혹은 누군가를 보호하고자 했다. '군힐데'도 비슷한 이유에서 수년 전부터 혼자만 아는 비밀이 있다.

스물한 살쯤 함께 죽어도 좋다고 생각할 정도로 사랑한 남자가 있어요. 당시 저는 그가 꿈에서나 만날 수 있는 이상적인 사람이라고 생각했죠. 한 미국 회사의 독일 지사에서 일했던 사람인데 얼굴도 잘생겼고 직장에서도 성공가도를 달렸어요. 저보다 열 살이나 위였지만, 그것조차도 좋게만 느껴졌죠. 그는 한 번 결혼해서 이혼한 적이 있다고 했어요. 적어도 제가 들은 바로는 그랬죠. 그 남자와 1년쯤 사귀었을 때 임신을 했어요. 그는 무척 기뻐하면서 청혼했죠. 그런데 결혼하기 전에 몇 달 동안 미국에 다녀와야 한다고 하더군요. 아무 문제 없을 테니까 걱정하지 말라고 하면서요. 저보고 천천히 결혼 준비를 하고 있으라더군요.

그 남자를 마지막으로 본 건 공항이었어요. 그는 돌아오지 않았죠. 연락도 닿지 않았고요. 저는 그를 찾으려고 탐정까지 고용했어요. 결국 알게 된 사실은 그가 새빨간 거짓말쟁이였다는 거였어요. 그는 이혼하지 않았고, 아이도 두 명이나 있더라고요. 눈앞이 깜깜해졌고 한없이 불행했어요. 더이상 살고 싶지 않았죠. 그때 버틸 수 있었던 건, 뱃속에 있는 아무 죄 없는 아이 덕분이었죠. 아이를 낳기로 결심하고 이야기를 지어냈어요. 아이 아빠가 미국에 머무는 동안 사고로 죽었다고요. 그의 가족과는 연락이 닿지 않는다고도 했죠. 이 거짓말이 오늘까지 저와 제 딸을 지켜주었어요. 지금보다 훨씬 엄격했던 1950년대 사회 분위기에서 비난받지 않고 살 수 있게 보호해줬고, 딸아이가 아빠의 모습을 그리며 클 수 있게 해줬죠. 아빠가 자기를 원하지 않았다는 사실을 알았더라면 딸아이는 분명 굉장히 힘들어했을 거예요.

군힐데의 이야기를 통해 야누스의 얼굴을 가진 비밀의 단면을 확인할 수 있다. 남자는 미국에 사는 가족에게 비밀을 만들고, 독일에 있는 애인의 삶에도 큰 상처를 입혔다. 이 비밀로 군힐데는 너무나 큰 괴로움과 시련을 겪었다. 하지만 역설적이게도 그녀는 또다른 비밀을 만들어냄으로써, 자신과 딸을 지켰다. 그녀는 비밀을 누설하지 않음으로써 주변의 가까운 사람들을 보호했다. 이들은 모두 말할 필요도 없이 사랑스럽고 좋은 사람들이지만, 동시에 비밀을 이해해줄 수 없는 사람들이기도 하다.

자신이 어떤 사람인지
정확하게 알고 싶은가?
단점과 약점을 무자비하게 그대로 인지하고 싶은가?
누구에게나 '스스로에게조차 솔직하지 못한 순간'이 있다

기억나는 것 중에서 모두에게 알리지 못하고, 기껏해야 친구 몇 명에게만 털어놓는 일이 있다. 또한 친구에게조차 꺼내지 못하고 겨우 자기 자신에게만 털어놓는 일도 있는데, 이때도 자기에게 철저히 비밀을 엄수하겠다는 굳은 약속을 한다. 그런가 하면 자신에게조차 털어놓기 두려운 기억도 있다. 이는 정상적인 사람이라면 아주 흔한 일이다.

도스토옙스키는 사람의 심리에 대해 심오한 안목을 지녔다. 『지하로부터의 수기』에서 인용한 위의 글만 봐도 이 점이 뚜렷이 드러난다. 그는 무의식을 발견한 프로이트가 등장하기 전부터 사람들이 다른 사람에게만 뭔가를 숨기는 것이 아니라, 자신에게조차 비밀을 만들 능력을 갖추었다는 사실을 알고 있었다.

자신에게 무언가를 숨기는 일이 과연 가능할까? 정말로 내가 속이는 사람인 동시에 속는 사람이 될 수 있나? 정신분석학의 창시자 프로이트는 마음을 불안하게 하거나 두려움을 느끼게 하는 감정과 사고에서 자신을 방어할 수 있는 메커니즘이 있는지를 체계적으로

다룬 최초의 인물이다. 그의 이론에 따르면 불쾌한 일, 고통스러운 일, 참을 수 없는 일은 다양한 방어기제를 통해 의식에 남아 있지 못하고 걸러진다. 이런 방어 메커니즘이 일어나는 것은 부정적인 기억이나 느낌이 본격적으로 무의식의 세계로 흘러든 것을 의미한다.

프로이트는 1900년 출간한 『꿈의 해석』에서 우리가 인지한 것이 어떻게 기억 속에 저장되는지 설명했다. 인지된 자극과 정보는 '심리적 시험장치'에 의해 심사된다. 이때 보고 듣고 느낀 모든 것이 의식으로 들어가지 않는다. 정보는 '무의식'의 서랍 속으로 정리되고, 다시 검열되기 전에 우선 기억의 다양한 하부체제에서 분류된다. 정보는 그후 '전의식'에 이르는데, 전의식이라는 망을 통과했을 때에야 비로소 의식으로 인지된다. 두려움을 일으키거나 불쾌하거나 금지된 것으로 인지된 모든 것은 검열되며, 견딜 만하고 의식해도 좋다고 판단될 때까지 오랫동안 깨끗이 세척 과정을 거친다. 정신분석학 이론에 따르면 이른바 방어기제가 검열의 역할을 해서 인간의 심리에 도움을 준다고 한다. 중요 방어기제로는 다음과 같은 것이 있다.

◆ 내 머릿속의 지우개, '억압repression'

받아들이기 힘든 사실을 의식적으로 기억에서 밀어내면, 더이상 사건을 기억하지 못하고 다만 무의식 속에 머문다. 억압에 해당하는 예로는 허락되지 않은 성적 욕구, 수치심을 유발하는 환상, 트라우마 등이 있다.

◆ 나를 지키기 위한 몸부림, '부정denial'

어떤 사실을 부정하며 특정한 상황이나 사건을 있는 그대로 받아들이기를 거부한다. 억압과는 달리 무슨 일이 있었는지 기억할 수는 있지만, 견뎌낼 수 있을 만큼 기억을 왜곡한다. 그러고는 '나와는 상관없어' '내 잘못이 아니야' 같은 식으로 생각한다. 시험에서 떨어졌을 경우, 말도 안 되게 어려운 문제를 냈다고 시험관을 탓하거나 실패 요인을 외부로 돌림으로써 '내가 충분히 준비를 안 해서'라는 인식으로부터 자신을 방어한다.

독일 전체 운전자 중 약 80퍼센트가 자신이 상위 5퍼센트의 운전 실력을 가졌다고 주장할 때마다 부정의 메커니즘을 사용한다. 하지만 교통사고에 대한 어떤 통계도 이런 평가를 입증하지 못하며 개인적인 상황에서도 마찬가지다. 어떤 보험회사는 피보험자가 "전봇대가 점점 차로 다가왔어요. 피하려고 애썼는데 이미 전봇대가 보닛을 들이받았더군요" 또는 "교차로에 다가갔을 때 갑자기 이전에는 한 번도 보지 못한 정지신호판이 나타났지 뭐예요"라고 궤변을 늘어놓을 때, 부정이 무엇인지 뚜렷하게 경험한다고 한다. 흡연자가 자기 할아버지는 담배를 피웠는데도 여든다섯 살까지 살았다며 높은 폐암 발병률을 무시할 때도 부정이 일어난다.

특히 부정은 과거를 아름답게 기억하고 싶어할 때 일어난다. 실제로 심리학 연구들은 우리가 매우 선별적으로 기억한다는 사실을 입증한 바 있다. 쉬운 예로 성공한 일에 대한 기억은 계속 유지되지만, 실패한 일에 대한 기억은 쉽게 잊는다. 긍정적 기억이라는 효과를 얻기 위해 일어난 일을 왜곡해서 받아들이기도 한다. 가령 어떤 일이 잘못되면 상황이 좋지 않았다거나 운이 없어서, 혹은 다른 사람의 실수 때문이라며 원인을 떠넘긴다. 반대로 성공하면 자신의 능력과 노력 덕분이라고 말한다. 테니스 경기에서 패하면 보통은 "뭐야, 오늘 진짜 잘하던데!"라고 상대방을 칭찬하는 대신 "어제 잠을 제대로 못 잤어" "문제가 좀 있어서 그 생각을 하느라 집중하지 못했어"라는 식으로 수많은 변명을 해댄다.

앙드레 지드는 "누구에게나 자신을 속이는 방법이 있다. 여기서 핵심적인 것은 본인이 중요한 존재임을 믿는 것이다"라고 했다. 이때 부정의 방어기제가 큰 도움이 된다. 우리는 일반적으로 애착을 갖고 긍정적인 필터로 자신을 평가한다. 작가 하인리히 하이네는 "진실과 완벽하게 일치하는 자서전이란 있을 수 없다. 사람은 누구나 자신을 항상 아름답게 포장한다. 예컨대 루소는 명예욕 때문에 의식적으로 자신을 속였다고 고백했다"고 주장했다.

다만 부정이 일어나는 것이 항상 명예욕이나 허영심 때문만은 아니다. 기억을 더듬었을 때 자신에 대해 긍정적인 면을 주로 떠올리는 것은 자기방어 때문이다. 즉 자신에게 그다지 좋지 않았던 사건은 '잊는다'. 기억은 시간이 흐르면서 변한다. 훗날 살아온 삶을 되돌아볼 때, 우리는 항상 긍정적인 속임수라는 특별한 양념을 살짝 집어넣는다. 심리학자 알프레드 아들러는 이와 관련해 기억력이 해내는 '소화과정'을 이야기했다. 우리는 자화상과 자아 개념에 들어맞는 것만 저장하고 '입맛에 맞지 않으면' 잊어버린다. 즉 스스로 생각하는 자신의 모습과 일치하는 모습만 기억하는 셈이다. 그 결과, 기억 속에서 우리의 모습은 자기중심적이고 선별적으로 등장하게 된다.

억압과 부정 외에도 인간 심리에 어떤 방어기제가 있는지 살펴보자.

◆ 과장된 친절함과 배려, '반동형성reaction formation'

이 방어기제는 우선 부정('남편을 미워하는 게 아니야')과 함께 작동하는데, 부정에서 멈추지 않고 더 나아가 위협으로 인식한 정보를 반대('남편을 사랑해')로 돌려놓는다. 이로써 원하지 않거나 부정적으로 평가되는 감정을 해롭지 않게 바꿀 수 있다. 공격성이나 분노가 과장된 친절함과 배려로 가려질 때도 많다. 혹은 눈에 띄게 올바른 행동을 해서 혐오감이나 반감을 감추려고 하는 사람도 있는데, 심리학에서 진행한 많은 실험을 통해 이런 현상을 증명할 수 있다.

기억을 더듬었을 때 자신에 대해 긍정적인 면을 주로 떠올리는 것은 자기방어 때문이다. 즉 자신에게 그다지 좋지 않았던 사건은 '잊는다'. 기억은 시간이 흐르면서 변한다. 훗날 살아온 삶을 되돌아볼 때, 우리는 항상 긍정적인 속임수라는 특별한 양념을 살짝 집어넣는다.

한 실험에서는 자신이 개방적이며 관대하다고 여기는 백인에게 서로 다른 인종의 연인들 사진 여러 장을 보여주고 동시에 자율신경을 측정했다. 연구자는 측정치가 높으면 인종에 대한 편견이 있다는 의미라고 주장했다(이는 사실이 아니다). 이런 방법으로 인종차별적 성향이 있다고 의심받은 피실험자는 실험이 끝나고 건물을 나가면서 구걸하고 있는 거지와 마주친다. 이때 거지가 백인일 경우 피실험자는 적선할 생각을 하지 않았지만, 반대로 거지가 흑인인 경우에는 평소보다 훨씬 더 많은 돈을 주었다. 연구자는 이를 반동형성의 전형적 예라고 결론내렸다. 즉 피실험자는 과장되게 큰 씀씀이를 보임으로써, 흑인에 대해 어떤 편견도 없다는 것을 증명하고 싶어했다.

◆ 내 존재가 불안하다고 느껴질 때, '투사projection'

자신의 어떤 부분이 견딜 수 없을 만큼 거슬리면 이를 다른 사람에게 떠넘길 수 있다. 즉 무례함, 멍청한 행동, 혹은 불쾌한 감정이 다른 사람 때문이라고 책임을 전가하는 행위가 투사다. 구체적인 예로 인색한 사람이 구두쇠처럼 구는 다른 사람을 비판하는 경우, 부정을 저지른 남편이 아내가 바람을 피울까봐 의심하는 경우, 남성이 자신의 동성애적 성향을 감추려고 일부러 게이에 관해 농담하는 경우를 들 수 있다. 투사는 자신의 존재가 불안하다고 느끼거나 위협적인 생각을 억누를 때, 또는 자신을 지키기 위해 비밀을 만들어낼 때 나타난다.

◆ 불쾌한 진실에서 나를 보호하기 위한, '합리화rationalization'

이 방어기제는 특별한 이야기나 사건을 편안한 마음으로 기억해내게끔 바꾸는 방법으로, 불쾌한 기억을 누그러뜨리는 데 도움을 준다. 예를 들어 많은 사람 앞에서 말하는 것이 두려워서 한 번도 회의에서 발언한 적이 없는 여성 매니저는 '이런 회의에서는 항상 이득을 보려는 남자만 발표하잖아. 나는 이런 경쟁 따위에 동조하고 싶지는 않아'라며 자신의 행동을 합리화한다.

합리화를 통해 어떻게 불쾌한 진실에서 자신을 보호하는지 보여주는 사례가 있다. 한 남학생이 한 여학생에게 데이트를 할 의향이 있는지, 세 번이나 물었다. 그때마다 여학생은 일해야 한다고 핑계를 대면서 거절했다. 남학생은 이 일로 절망하는 대신, 일밖에 모르는 사람에게는 자신도 관심 없다는 결론을 내린다. 여학생이 거절한 이유가 자신에게 있다는 사실을 인정하고 싶지 않았던 것이다. 남학생은 이렇게 합리화를 통해 자존심을 지키고, 자기에게 이성을 유혹할 능력이 있다고 계속 믿었다. 그는 이런 자신감으로 다른 여성에게 다가갈 수 있었다.

◆ 기대에 부응하는 데만 관심을 기울이는, '고립화 isolation'

심기를 불편하게 하고 자신의 감정을 방해하는 정보는 전부 인지되는 것이 아니라 일부만 남는다. 고립화는 '선별적 인지'라는 기술을 통해 가능해진다. "우리는 자아상의 기대에 부응하는 데만 주의를 기울입니다." 사회심리학자 로이 바우마이스터는 한 실험에서 고립화의 메커니즘을 증명해냈다. 실험에 참가한 학생들은 인적사항 응답지를 작성한 뒤 전화로 피드백을 받았다. 이때 긍정적인 답을 들은 학생도 있고, 부정적인 답을 들은 학생도 있었다. 평가에는 아무런 기준이 없었다. 그런데 비판적인 평가를 받은 학생은 이 문제에 대해 상당히 짧게 언급하고 더 깊이 생각해보는 일을 피한 반면, 긍정적인 평가를 받은 학생은 평가에 더 많은 관심을 기울였다.

우리는 다른 사람이 자신을 인정하고 자기가 말한 의견에 동조하면 경청하지만, 우리가 가진 세계상과 일치하지 않으면 고개를 돌리고 귀를 닫는 경향이 있다. 예컨대 자기 아이가 영재라고 확신하는 부모는 이 믿음을 입증하는 데만 관심을 둘 확률이 매우 높다. 반면 영재일지도 모른다는 희망을 꺾는 다른 모든 가능성은 무시해버린다. 우리는 자기방어를 위해 부정적이고 부적절한 정보를 스팸메일 다루듯이 한다. 열어보지도 않고 어떤 내용인지 감지하고는 무의식적으로 재빨리 지워버리는 식이다.

앞에서 살펴본 모든 방어기제는 억압적이고 두려움을 안기며 수치심을 일으키는 감정이나 사고 같은 불편한 자기인식을 비밀로 만든다. 하지만 프로이트는 자신에게조차 비밀을 만들면 정신적으로 건강한 삶을 살지 못한다고 보았다. 그의 이론에 따르면 억압되고, 인지되지 못하거나 부정된 것은 거대한 장애를 일으킬 수 있고, 이런 장애가 되돌아와 다시 인식의 단계로 가는 과정에서 부정적인 효과를 발생시킬 수 있다. 따라서 정신분석적 치료의 목표는 방어기제를 차단하고, 억압된 것을 의식 위로 끌어올리는 데 있다. 정신분석 이론에서는 자기기만이 어떤 형태로든 심리적 건강에 치명적인 영향을 미친다고 주장한다. 프로이트의 말을 빌리자면 "삶을 견디는 것은 모든 생물이 수행해야 할 첫번째 의무다. 환상이 삶을 견디기 어렵게 한다면 그 환상은 가치를 잃는다". 에릭 에릭슨, 에리히 프롬, 에이브러햄 매슬로 같은 심리학의 또다른 거성들도 이와 의견이 유사했고, 다른 많은 심리학자도 가능한 한 현실을 왜곡하지 않고 받아들여 자신을 속이지 않는 것이 정신적 건강의 주안점이라고 보았다.

그럼에도 점점 더 의심이 일어난다. 정말 현실을 있는 그대로 받아들이는 사람만이 정신적으로 건강하다고 할 수 있을까? 자신과 환경에 대해 어떤 환상도 품지 않고, 결코 자신에게 아무것도 감추지 않는 사람만이 현실적이라고 할 수 있는 걸까? 심리학자 앨런 휠리스가 저서 『환상 없는 남자』에서 묘사한 상황이 과연 추구할 만한 가치가 있는 걸까?

옛날 옛적에 환상이라고는 전혀 없는 한 남자가 살았습니다. 이 남자는 요람에 누워 있을 때 엄마가 자기를 잘 돌봐주지는 않는다는 것을 알아챘고, 두 살이 되었을 때 이미 요정 따위는 없다고 믿었습니다. 세 살이 되자 마녀와 난쟁이에게 더이상 관심을 보이지 않았고, 네 살에는 토끼가 알을 낳지 않는다는 것을 알았으며, 다섯 살이었던 어느 추운 겨울밤에는 쓸쓸한 미소를 지으며 산타 할아버지에게 작별을 고했습니다.

학교에 들어간 여섯 살에는 바람에 날리는 새털처럼 환상을 흩날려버렸습니다. 그는 더이상 아빠가 용감하고 솔직한 사람이라고 생각하지 않았으며, 대통령들은 고루하고, 영국 여왕도 다른 모든 사람처럼 화장실에 가야 한다는 사실을 알았습니다. 또 둥근 얼굴에 보조개가 들어간 예쁜 여자 선생님이 처음에 생각했던 것처럼 모든 걸 다 알지는 못한다는 사실도 눈치챘습니다. 마침내 청년이 되었을 때는 사람들이 넓은 아량을 보이며 베푼 행동이 사실 자신의 이익을 위한 것이었으며, 가장 객관적이라는 연구도 실은 주관적인 목표를 추구하는 것이고, 책에 쓰인 것은 대부분 거짓이라는 사실을 깨달았습니다.

우리는 이토록 많은 진실을 견뎌낼 수 있을까? 오스트리아 심리학자 오토 랑크는 일찍이 "사람은 진실만으로 살 수 없습니다. 살기 위해서는 환상이 필요합니다"라고 했다. 최근 들어 다른 전문가들도 프로이트와 달리, 방어기제의 도움을 받아 참을 수 없는 진실을 비밀의 나라로 보내는 심리 작용을 상당히 현명하다고 평가한다. 그들은 고통과 괴로움, 자기회의를 일으킨 사건과 경험을 의식에서 무의식 속으로 밀어버리는 인간 심리의 작동을 '노련한 성능'이라고 여긴다.

미국에서 이루어진 한 연구에서는 어린 시절 성적 학대를 당한 경험이 있는 여성 100명을 대상으로 '망각'의 방어적 효과를 증명했다. 피실험자들에겐 사건이 일어났을 당시의 진단서가 있었다. 그럼에도 38명은 일어난 일을 아예 기억하지 못했고, 응급실에서 진찰받은 기억조차 전혀 없었다. 이들은 학대의 기억을 지우지 못한 여성에 비해 정신적으로 건강했다. 그런데 이런 연구에는 환자가 기억하지 못하는 그 사건을 다시 끄집어냄으로써, 새롭게 경험을 환기하는 과정이 포함된다. 이 때문에 '기억을 끄집어내는 치료법'이 진정 의미가 있으며, 정신건강을 증진시키는 데 효과가 있는지 의문을 표하는 사람도 있다. 이들은 사람의 심리가 때로는 '건전한 망각'을 통해 위협적인 진실에서 스스로를 지킬 정도로 영리하다고 본다.

소설가 존 바스는 "자각은 항상 나쁜 소식을 가져온다"고 썼다. 이런 까닭에 우리는 자신이 어떤 사람인지 너무 자세히 알려고 하지 않음으로써, 깊은 곳에 숨은 완벽한 진실로부터 자신을 보호한다. 이때 자신에 대한 특정 정보를 다른 사람뿐 아니라 자신에게도 숨기는 능력이 도움이 된다. 자기기만은 자신에 대한 좋은 의견을 저장하고, 스스로 존재에 의미를 부여한다. 일어난 모든 일을 그대로 인지하고, 불쾌한 일을 전부 자각하면 자신이 생각하는 이상적인 모습과 실제 모습 간에 격차가 크게 벌어질 것이다. 그래서 우리는 스스로를 속인다. 긍정적인 환상을 통해 절대적 진실로부터 자신을 지키는 것이다. 사회심리학자 셸리 테일러는 "인생에서 자기기만을 피해갈 수 있는 길은 없다. 이는 우리를 긍정적인 자아상으로 인도하는 유일한 길이다. 자신을 속이는 능력은 우리가 현실에 무리 없이 적응할 수 있게 해준다"고 확신한다.

최근에 나온 사회심리학 연구 결과 역시 자신에게 비밀을 만드는 일이 자아발전에 도움이 되고 삶을 원만하게 해줄 수 있다는 점을 보여준다. 이에 따르면 우리는 원하고 생각하는 대로 현실을 해석하는 경향이 있는데, 그래도 괜찮다. 셸리 테일러와 정신의학자 마거릿 케머니는 동료들과 함께 에이즈에 걸린 남성 78명에게 자신의 신체 상태와 정신 상태를 어떻게 평가하는지, 자신이 판단하기에 에이즈가 어느 정도 호전되고 있는지 물었다. 연구자들은 나온 결과를 가지고 환자를 두 집단으로 나눌 수 있었다. '현실주의자'는 자신의 건강 상태와 병의 경과에 어떤 환상도 없었고, 무슨 일이 일어날지 꽤 정확히 알고 있었다. 반대로 '망상에 사로잡힌 자'는 비현실적일 정도로 긍정적인 마음가짐으로 낙관적인 기대를 하고 있었다. 이후의 연구에서 보면 '망상에 사로잡힌 자'의 평균수명이 '현실주의자'에 비해 9개월 정도 더 길었다.

연구팀은 다른 실험에서 비현실적인 낙관주의자인 환자가 HIV에 감염된 후 에이즈가 발병하기까지 더 오랜 시간이 걸렸다는 사실도 알아냈다. 아직 에이즈로 친구를 잃은 적이 없고, 병의 진행을 낙관하는 HIV 감염 환자는 자신이 어떻게 될지 정확히 아는 환자(에이즈로 사망한 친구가 있다고 해서 이를 정확히 아는 것은 아니다)보다 오랫동안 건강을 유지했다. 이로써 마거릿 케머니는 "생명이 위독한 환자가 자신의 상태에 대해 낙관적 환상을 품는 것은 건강을 위해 매우 중요하다"는 결론을 얻었다.

다른 연구에서도 비슷한 결과가 나왔다. 수술을 앞두고 이런저런 생각을 하며 괴로워하지 않는 환자는, 걱정이 많고 병의 원인과 수술 과정에 대해 많은 정보를 수집하는 환자보다 수술 후 고통이나 문제를 훨씬 적게 겪었다. '어떻게든 되겠지'라고 마음먹는 편이 회복에 도움이 된다고 볼 수 있다. 이를 증명하는 또다른 예로 유방암 수술을 받은 지 5년이 지난 여성을 대상으로 한 연구가 있다. "마음으로부터 자신의 병에 완강하게 저항하고, 심지어는 암에 걸렸던 사실조차 부정한 여성 가운데 75퍼센트는 암이 재발되지 않고 계속 살았습니다. 하지만 암을 담담하게, 혹은 어쩔 수 없다고 받아들인 여성들은 새로운 종양이 발견되지 않았는데도 불구하고

35퍼센트의 생존율만 보였습니다."

심리학자 헤럴드 색케임도 한 연구에서 자신을 속이고 목적을 달성하기 위해 현실을 왜곡하는 사람이 심리적으로 솔직한 사람보다 정신적으로 건강하다는 사실을 증명했다. 피실험자는 이전에 자신을 의심하고, 죄책감으로 괴로워하거나 많은 사람 앞에서 웃음거리가 된 적이 있는지를 묻는 질문지에 답해야 했다. 정말 이런 일을 겪은 적이 있다면 "예"라고 답했어야 하지만, 모두가 솔직한 것은 아니었다. 결과적으로 자신에게 이런 불쾌한 면이 있다는 사실을 부정한 피실험자가 심리적으로 가장 건강한 것으로 나타났다. 반대로 자신을 괜찮은 사람이라고 여기지 않는 사람은 심리적으로 불안해했다.

다른 많은 연구에서도 자신을 속이고 비밀을 만듦으로써 진실의 강도를 약간 낮출 수 있는 사람은, 환상의 보호막이 없는 사람보다 삶의 힘든 과정을 훨씬 잘 견디고 정신 건강을 유지한다는 섬이 증명되었다. 심리학자 리처드 래저러스는 현실과 자신을 좀더 편안한 마음으로 인식하게 하는 '정신 내부의 안정제'에 대해 언급했다. 셸리 테일러가 말한 것처럼 환상은 현실을 긍정적으로 전환시킨다. "환상은 가능한 한 긍정적인 생각을 받아들여서, 어려운 상황을 견디는 데 기여한다."

우리의 심리에는 '맹점'이 있다. 맹점은 자기기만의 도움을 받아 고통과 마음을 불편하게 하는 진실을 외면하거나 겨우 참을 수 있을 정도로만 인지하게 만든다. 맹점은 실패와 수치스러운 경험을 기억에서 지우도록 돕는다. 자기기만에 대한 인간의 능력을 여러 작품에서 다루었던 헨리크 입센도 "보통 사람의 삶에서 거짓말을 빼앗는다면 그의 행복도 빼앗는 것이다"라고 했다. 우울증을 앓는 사람을 대상으로 한 연구를 보면, 입센의 말이 얼마나 정확하게 들어맞는지 알 수 있다. 우울한 사람은 그렇지 않은 사람보다 세계와 자기 자신, 그리고 자신의 능력에 대해 훨씬 현실적으로 인지한다. 우울증 환자는 환상을 품지 않으며, 자신을 속이지 않고, 자신이 세상에 얼마나 영향력을 행사할 수 있는지 정확히 안다.

미국의 몇몇 학자는 한 연구에서 우울증에 걸린 사람과 걸리지 않은 사람에게 하나의 주제로 토론을 벌이도록 했다. 토론이 끝난 후 모든 참가자는 본인의 발표가 다른 사람에게 어떻게 전달되었는지 판단해야 했다. 제3의 객관적 관찰자의 평가도 동시에 행해졌다. 우울증 환자는 우울증에 걸리지 않은 사람보다 낮은 점수를 받았다. 이들은 토론할 때 스스로에 대해 확신하지 못했다. 또한 우울증 환자는 긍정적인 사건보다 나쁜 경험을 더 잘 기억하는데, 그 기억은 부정적으로 왜곡된 것이 아니라 현실적이다. 우울증 환자에게는 현실의 고통을 멀리 치우는 방패 기능이 결여되어 있다. 이들은 다른 사람은 간단히 치워버릴 일을 어떤 보호장치도 없이 그대로 받아들이곤 한다.

이처럼 우울증 분야에서 행해진 많은 연구 결과는, 자기 속임수와 긍정적인 환상의 기능에 대한 셸리 테일러의 주장을 다시 한번 뒷받침한다. "오늘날 심리적으로 건강한 사람이란, 사물을 있는 그대로 보는 사람이 아니라 자기가 보고 싶은 대로 보는 사람입니다." 생각해보자. 우리는 정말 자신이 어떤 사람인지 정확하게 알고 싶어할까? 자신의 크고 작은 약점이 무엇인지, 자신이 행한 오류와 실책을 무자비하게 그대로 인지하고 싶어할까? 아마도 아닐 것이다. 그렇기에 우리는 자신에게조차 감추는 비밀을 통해, 감당할 수 없는 고통과 상처로부터 자기를 보호중이라고 할 수 있다.

'있는 그대로의 나'로 산다는 것
어떤 사람은 때로 '두번째 삶'을 꿈꾼다

다른 삶, 이를 원하지 않는 사람이 있을까? 살면서 한 번쯤은 다른 직업, 다른 장소라면 더 행복하지 않을까 하고 질문하게 된다. 고정적으로 정해진 것, 강요, 근심, 종종 느끼는 지루함은 개인의 성향 가운데 활약하지 못하고 배제되는 면을 괴롭게 확인시킨다. 하지만 우리는 일반적으로 다른 삶에 대한 동경을 마음 깊이 묻어둔다. 이를 실현하고자 한다면 지금까지 이루어놓은 안정된 삶이 위협받을 수 있기 때문이다. 모든 것을 새롭게 시작해야 하며, 아무런 안전장치 없이 미지의 세계로 들어가야 한다. 그렇기에 대부분은 한 번 선택한 삶의 길을 이어간다.

하지만 자신이 꿈꾸던 것을 어떻게든 실현하는 사람이 있다. 일반적인 삶에서 이룰 수 없는 희망사항과 열망을 도무지 포기하기 어렵기 때문이다. 그래서 아무도 몰래 꿈을 실현할 가능성을 찾아 헤맨다. 설사 이런 일이 현재의 일상과 배우자, 직업, 사회적 지위와 어긋나더라도 말이다. 게오르크 지멜은 바로 이런 의미에서 비밀을 '인간이 이룩한 위대한 업적의 하나'라고 평했다. 지멜에 의하면 비밀 덕에 "공개석상에서는 전혀 드러나지 않는 여러 가지 면이 존재할 수 있기에 삶이 엄청나게 다채로워졌다". 비밀리에 실현되는 두번째 삶은 새로운 것을 시도하고, 결정해야 할 상황을 미리 시험해보고, 억눌린 감정을 해방시키고, 지금까지 등한시했던 본인의 성향 중 일부를 드러내보일 수 있는 무대를 마련해준다.

그런데 공식적인 삶 외에 또다른 삶을 꿈꾸는 이유가 뭘까? 현재의 삶도 손이 부족할 정도로 할 일이 많지 않은가? 인생은 절대 녹록지 않으며, 이를 실감케 하는 일이 반복적으로 일어난다. 어쩌면 바로 이런 연유에서 두번째 인생이 필요한지도 모르겠다. 두번째 삶은 오직 자신에게만 속하며, 허락 없이는 아무도 발을 들일 수 없다. 보통의 삶에서는 다른 이들이 못마땅해하거나 비판하는 면을 실현시킬 수도 있다.

두번째 삶은 매우 다양한 방법으로 나타난다. 고달픈 삶에 필요한 힘을 충전하려고 두번째 삶에서 일종의 피난처를 구하는 사람도 있고, 단순히 다른 사람으로 살아보고 싶어서 온라인상에서 새

"오늘날 심리적으로 건강한 사람이란, 사물을 있는 그대로 보는 사람이 아니라 자기가 보고 싶은 대로 보는 사람입니다." 생각해보자. 우리는 정말 자신이 어떤 사람인지 정확하게 알고 싶어할까? 자신의 크고 작은 약점이 무엇인지, 자신이 행한 오류와 실책을 무자비하게 그대로 인지하고 싶어할까? 아마도 아닐 것이다. 그렇기에 우리는 자신에게조차 감추는 비밀을 통해, 감당할 수 없는 고통과 상처로부터 자기를 보호중이라고 할 수 있다.

로운 역할을 만들어내는 사람도 있다. 사람들은 다른 정체성을 갖고 싶거나 적어도 순간이나마 일상에서 탈출하려고 온라인상에서 또하나의 페르소나를 만들어내기도 한다. 사실 현실의 삶에서 변화를 꾀할 수 있는 방법은 매우 한정적이다. 직장, 배우자, 집, 가족, 친구 등 모든 요건이 정해진 듯 보이며 삶은 항상 같은 박자에 맞춰 흘러간다. 이때 가상의 세계는 현실을 보존하면서도 현실을 벗어날 수 있는 경험을 선사한다.

매사추세츠 공과대학의 사회학자 셰리 터클은 온라인 게임 '심즈'를 이용하는 사람 200명에게 그 게임의 매력이 무엇인지 물었다. 심즈는 게이머의 판단에 따라 가족을 꾸밀 수 있는 게임으로, 어느 정도 실제 삶을 반영한다고 볼 수 있다. 게이머는 캐릭터에 성격을 부여하고, 집을 꾸미고, 친구를 찾아주고, 직업도 정해준다. 이렇게 심즈 속 인물에 한 번 생명을 불어넣으면, 게이머는 이들의 삶을 관찰할 수도 있고 심지어 이들의 운명을 조정할 수도 있다. 이 게임의 흥미로운 점은 가상의 인간이 게임하는 사람을 대신한다는 것이다. 게이머는 어떤 위험도 감수할 필요 없이 대안적인 삶을 시험해볼 수 있다. 즉 '만약 이랬다면……'이라는 생각을 게임 속 인물을 통해 시험해볼 수 있는 것이다.

내가 더 매력적으로 생겼고, 결혼을 하지 않았다면 어땠을까? 부자라면 어땠을까? 여자가 아닌 남자라면(혹은 남자가 아닌 여자라면)? 게이머는 자신의 희망사항과 환상을 게임 속 인물을 통해 실현하고, 무슨 일이 일어나는지 관찰한다. 다른 삶을 살아볼 수 있다는 가능성 덕분에 심즈는 대단히 큰 성공을 거두었다. 게임을 하는 사람은 본인이 항상 꿈꾸던 이상적인 가족을 갖추고, 현실에는 없는 형제자매를 얻고, 한 번쯤은 해보고 싶었던 거칠고 방탕한 모습을 게임 속 인물에 부여한다.

심즈와 비슷한 원리로 작동하는 '세컨드 라이프'라는 온라인 게임도 있다. 이름부터 벌써 매혹적이다. 사람들은 세컨드 라이프에서 제2의 자아 '얼터 에고alter ego'가 되는 아바타를 만든다. 이 두번째 자아는 게임을 하는 첫번째 자아가 누르는 커서의 명령을 따른다. 게임을 하는 사람은 자신이 현실에서 누리지 못하는 모든 것, 예컨대 근육, 날씬한 몸매, 꿈의 저택 등을 아바타에게 부여한다. 아바타를 자신과 다른 성별로 설정하는 경우도 많은데, 한 설문 결과에서 볼 수 있듯 여성 아바타의 27퍼센트는 실제로 남성 게이머가 주인이며, 여성 게이머의 8퍼센트가 남성 아바타를 만든다.

세컨드 라이프에서는 모두가 꿈을 실현하고 일상을 떠나 휴식을 취한다. 더욱이 여기서는 부자도 될 수 있다. 세컨드 라이프 통화인 '린덴 달러'를 재량껏 다루는 사람은 백만장자의 꿈을 이루기도 한다. 보통 게이머는 자신이 만든 '두번째 삶'에서 매월 평균 15시간을 보내는데, 더 긴 시간을 게임 속에서 사는 사람도 있다. 세컨드 라이프를 하는 사람 가운데 3분의 1은 현실의 직장에서 보내는 시간보다 가상세계에서 보내는 시간이 더 많다고 한다.

심즈나 세컨드 라이프 같은 게임의 성공은 많은 사람이 현재와는 다른 두번째 삶을 살고자 하는 커다란 갈망을 품고 있음을 드러낸다. 특히 부끄러움을 많이 타고, 사회관계에 겁을 내는 소극적인 사람처럼 실제 삶에서 어려움을 겪는 사람일수록 이런 갈망이 크다. 이런 사람은 현실에서는 꿈조차 꾸지 못했던 일을 게임 속에서는 적극적이고 개방적으로 추진해서 결국에는 해낸다. 실제로 영국에서 진행된 한 연구에서 이를 입증한 바 있다. 영국의 한 학자는 18~62세의 인터넷 이용자를 대상으로 인격검사를 실시했는데, 이들 가운데 일부는 자존감이 매우 낮다는 결론이 나왔다. 그런데 그들은 온라인상에서는 굉장히 자신만만하게 행동했다. 채팅할 때 머뭇거리지도 않고, 다른 사람이 자신을 어떻게 평가하는지에 대해서도 별로 고민하지 않았다. 한 응답자는 "예를 들면 파티에서는 아무에게도 말하지 않을 이야기를 인터넷상에서는 말할 수 있습니다"라고 답했다. 또다른 응답자는 "원래대로라면 저를 거들떠보지도 않을 사람들과 인터넷을 통해서 연락을 주고받습니다"라고 했다.

월드와이드웹은 '공식적인 삶 외에 두번째 삶'을 살 기회를 제공한다. 가상세계에서 누가 무엇을 하는지, 어떤 모습으로 등장하는지는 비밀에 부쳐진다. 셰리 터클은 "오늘날 인터넷에서 사람들이 하는 일은 어떤 결과가 나올까 두려워할 필요 없이 문제를 표현하고 해결책을 시험할 수 있다는 점에서 심리학적으로 중요한 의미가 있다고 생각합니다"라고 하며 다음과 같이 덧붙였다. "잠시나마 비밀의 보호를 받으며 정체성을 바꿈으로써 실제 삶을 생각할 힘을 얻거나 편안한 휴식을 즐길 수 있기 때문입니다."

한편 가상세계가 아닌 현실세계에서 두번째 삶을 사는 경우도 있다. '자비나'는 '비밀을 찾습니다' 광고를 보고 배다른 자매인 '샬롯테'에 대한 이야기를 보내왔는데 샬롯테는 감춰진 두번째 삶을 통해 행복을 얻을 수 있었다. 다음의 이야기는 그녀가 들려준 내용을 토대로 정리한 것이다.

자비나에게는 스물아홉 살이나 위인 배다른 언니 샬롯테가 있었는데 최근 세상을 떠났다. 고등학교 교사였던 언니의 장례식에 낯익은 중년 남자가 왔다. 남자가 가까이 오자 자비나는 그가 언니의 옛 제자라는 사실이 떠올랐다. 과거 이웃에 살았었고, 언니가 항상 신경을 많이 쓰던 학생이었다. 자비나는 반갑게 인사를 건넸다. "헤르베르트, 너구나. 언니가 너를 아들처럼 아꼈는데." 그러자 그는 슬프고 진지한 표정으로 말했다. "그 이상으로 좋아했지요."

언니의 죽음을 슬퍼하던 자비나는 갑자기 모든 것이 멈춘 듯했다. 방금 들은 말을 도무지 믿을 수 없었다. 언니가 스물네 살이나 어린 학생과 사랑을 했다고? 항상 교양 있고 진지했던 언니가 학생에게 교육적인 차원 이상으로 감정을 느꼈다고? 도무지 이해할 수 없는 일이었다. 하지만 헤르베르트에게는 편지,

사진과 같은 증거물이 있었다. 그는 침묵을 지킨 지 수십 년 만에 마침내 누군가에게 비밀을 털어놓고서 마음의 짐을 내려놓은 듯했다. 헤르베르트는 자비나에게 자신의 첫사랑이자 인생에서 가장 중요했던 연인, 샬롯테에 대해 이야기했다. 자비나는 그 이야기를 들으면서 헤르베르트를 처음 만났을 때 느꼈던 놀라움이 서서히 조용한 기쁨으로 바뀌는 것을 느꼈다.

언니는 열일곱 살에 엄마를 결핵으로 잃고, 무거운 운명을 짊어진 것 때문에 얼마나 힘겨웠는지 모른다. 당시 다섯 남매의 장녀였던 언니는 온 가족을 책임져야 했다. 엄마처럼 동생들을 보살폈고, 불치의 뇌염으로 병든 여동생도 극진히 간호했다. 이렇게 힘들게 살면서도 대학을 졸업하고 교사가 되었다. 그것도 고등학교 고학년을 담당할 수 있는 위치까지 올라간 유능한 교사였다.

엄마가 돌아가신 후 8년이 지나서 아빠가 다시 결혼하려고 했을 때, 샬롯테는 전혀 행복해하지 않았다. 자기가 모든 것을 잘해내고 있으니 굳이 아빠가 새로 결혼하지 않아도 된다고 생각했던 것이다. 그녀는 가족에게 새엄마가 필요하지 않다고 믿었지만, 아빠의 결혼을 막지는 못했다. 그럼에도 샬롯테는 배다른 여동생인 자비나가 태어났을 때, 새로운 가족을 인정하고 어린 막내에게 애정을 듬뿍 주었다. 샬롯테가 세상을 떠나기 전까지 친엄마가 낳은 형제 중 막내 여동생하고 살았는데,

항상 평화롭지만은 않았다.

자비나는 샬롯테가 오랫동안 보여준 희생정신과 책임감을 우러러보았지만, 자신만을 위한 삶을 살지 못하고 친구도 적은 점이 늘 안타까웠다. 장례식에서 생각지도 못한 헤르베르트와 만나기 전까지는 말이다. 그런데 그는 샬롯테를 다른 모습으로 기억했다. 그가 들려준 이야기 속의 샬롯테는 열정으로 가득한 용감한 여성이었다. 만약 헤르베르타와의 일이 알려졌다면, 언니는 미성년자를 유혹했다는 이유로 분명 처벌받았을 테고 사회적으로도 멸시를 당했을 것이다. 하지만 샬롯테와 헤르베르트는 큰 나이차에도 서로를 대등하게 생각했다. 그리고 자비나 역시 헤르베르트가 비록 어리긴 해도 언니에게 잘 맞는 연인이었다는 확신이 들었다.

이제 자비나는 샬롯테가 세상을 뜨기 얼마 전에 있었던 작은 에피소드를 다른 관점에서 이해하게 되었다. 샬롯테가 헤르베르트에게 편지를 써서 여동생 중 한 명에게 전달해달라고 부탁했을 때, 그녀는 이미 병색이 완연했다. 하지만 여동생은 그가 어디 사는지 알지 못했다. 그녀는 이 일을 자비나에게 상의했고, 둘은 언니가 정신이 혼미한 상태에서 편지를 썼을 것이라고 결론짓고는 그만 편지를 태워버렸다. 장례식장에서 헤르베르트와 대화를 나눈 뒤에야 자비나는 언니가 그 당시 정신이 맑은 상태였다는 것을 깨달았다. 언니는 사랑했던 사람과 이별을 나누고자 했던 것이다. 자비나는 편지가 수신인에게 가 닿지 못한 것을 안타까워했지만, 한편으로는 언니를 누르던 삶의 무게를 덜어주고 행복하게 만들어준 비밀이 있었다는 사실에 기뻐했다. 훗날 헤르베르트는 자비나에게 보낸 편지에서 이렇게 말했다. "샬롯테는 여전히 제가 살면서 만난 가장 멋진 여인입니다."

샬롯테에게 헤르베르트는 두번째 삶이었다. 미성년자와의 사랑에 대한 도덕적 잣대는 잠시 치워놓고 보자면, 샬롯테는 딸, 언니, 교사로서의 의무만 착실히 수행하느라 애써 외면했던 자신의 감정을 두번째 삶에서 펼칠 수 있었다. 그녀는 모든 인습과 분명히 존재하는 모든 두려움을 이기고 자신의 감정을 솔직히 인정했다. 물론 이를 얻기 위해 평범하게 살지 못하는 큰 대가를 치르기도 했지만, 그녀는 비밀을 통해 현재 삶에서는 허락되지 않았던 행복을 누릴 수 있었다. 반면 '무스타파'는 자신에게 행복을 누릴 권리가 있으며 이를 위해서 사랑하는 사람에게 때로는 거짓말을 할 수 있다고 생각한다.

터키에서 태어난 무스타파는 젊은 시절 독일로 왔다. 처음에는 적응하는 데 많은 문제가 있었고, 짧은 기간이었지만 나쁜 길로 빠지기도 했다. 그러다가 젊은 독일 여성을 알게 되었는데, 그녀는 사랑과 강한 실행력을 바탕으로 무스타파가 다시 일어서도록 도와주었다. 그후 두 사람은 결혼했고, 무스타파는 독일에서는 터키어로 된 그의 성을 발음할 줄 아는 사람이 없을 거라는 아내의 의견을 따라 아내의 성으로 이름을 바꾸었다.

둘은 열심히 일하면서 무스타파의 빚을 갚아나갔고, 함께 조그만 회사도 차렸다. 회사를 설립하면서 처리해야 할 일은 모두 아내의 몫이었다. 그가 독일 공무원을 대하는 방식이 서툴렀기 때문이다. 그는 아내가 자신에게 돈을 맡기지 않는 것도 이해했다. 자신이 재정 관리에 재능이 없다는 사실을 잘 알았기 때문이다. 하지만 고향 친구를 만나지 말라는 아내의 요구만은 이해하기 힘들었다. 아내는 독일 사회에 빨리 적응하려면 고향 친구를 멀리하는 게 좋다고 조언했다.

무스타파는 아내가 원하는 것과 제안하는 것 모두를 받아들였다. 그는 아내를 사랑했고, 두 사람 모두 행복하다고 느꼈다. 다만 아내가 모르는 사실이 있다면 그가 독일인으로서의 삶 외에도 터키인으로서의 삶을 살고 있다는 점이다. 그에겐 고향 사람을 만나러 가는 단골 커피숍과 맥줏집이 있었다. 그는 이런 숨구멍이 없었다면 부부관계가 좋지 않았을 거라고 생각한다. "언젠가는 분명 집에서 뛰쳐나와 모든 것을 팽개쳤을 거예요. 하지만 나를 강하게 해주는 나만의 세계가 있잖아요. 아내가 이런 저의 세계를 알면 기만당하고 속았다고 생각할지도 모르죠. 하지만 저는 고향에 가까워질 수 있는 이 비밀의 세계가 있어야만, 아내가 원하는 남편의 모습이 될 수 있다고 생각해요."

나를 짓누르는 듯한 삶의 무게에서 벗어나고 싶은 욕구, 문화적 뿌리를 부정하고 싶지 않다는 바람 등 어떤 이유에서든 두번째 삶을 선택한 동기는 같은 뿌리를 갖고 있다. 바로 일상에서는 펼칠 수 없는 자신의 숨겨진 인격을 실현할 기회를 스스로에게 주고 싶다는 것이다. 사람은 때때로 자신을 온전한 존재로 느끼고 싶어하며 자신의 중요한 욕구를 실현하고자 한다. 다른 사람의 영향을 받지 않고 자신의 길을 가고 싶어한다. 또한 썩 중요하지 않은 작은 소망이나 욕구도 최소한 두번째 삶에서는 실현할 가치가 있다. 예컨대 '에리카'가 아무도 모르게 가끔씩 심리학자를 찾아가 대화를 나누는 것처럼 말이다.

제 남편은 지역 정치가입니다. 그 덕분에 우리 가족은 동네에서 잘 알려졌지요. 어떤 면에서는 항상 다른 사람의 시선을 받고 사는 셈입니다. 남편은 제게 자기를 내조하는 모범적인 아내의 모습을 기대합니다. 현재 저도 그렇게 살고 있고요. 하지만 항상 저는 주기만 하고 남편은 받기만 하는 상황이 불만스러울 때도 많아요. 그래도 남편을 지지하고 돌봐주며 사회적으로 친목관계를 위해 애쓰는 동시에 집안을 아늑하게 꾸미기까지 하죠. 남편은 어디에서 그런 힘이 나오는지 궁금해하지도 않아요.

한동안은 몸속에 있는 건전지의 힘이 모두 빠져나가서 정말 절망적이었을 때도 있었어요. 우울증에 걸린 것은 아닐까 두렵기까지 했죠. 다행히 그때 한 심리학자를 만나면서 이런 우울한 기분에서 빠져나올 수 있었어요. 정식으로 심리치료를 받은 건 아니고, 그저 대화를 나누는 시간이었죠. 그러던 어느 날 심리학자가 더이상 오지 않아도 되겠다고 하더군요. 맞는 말이었어요. 하지만 이야기를 나눌 사람이 한 명도 없을 거라고 생각하니 두려워졌어요. 그래서 아직도 가끔씩 그를 찾아가 힘을 충전하는 호사를 누리고 있습니다. 그는 저의 가치를 높이 평가해주고 용기를 주죠. 이것을 아는 사람이 없다는 사실도 좋아요. 심리학자와의 대화는 저만의 것이고, 저를 지켜주는 비밀이에요. 덕분에 남편과 제 삶이 요구하는 것들을 실행할 수 있죠.

한편 몰래 사랑을 하는 사람이 실제로 완전히 두 개로 구분된 삶을 사는 경우도 드물지 않다. 바람직한 사례는 아니지만 이 역시 두번째 삶의 한 예이긴 하니 살펴보도록 하자. "극비사항을 반드시 지켜야 해!" 미국의 전설적인 비행사 찰스 린드버그가 임종 직전 연인 브리기테 헤스마이어에게 남긴 말이다. 두 사람 사이에는 아이가 셋이나 있었는데, 린드버그는 브리기테에게 아이들 아버지가 누구인지 비밀로 해달라고 요구했다. 뮌헨 출신의 모자 공장 직공이었던 헤스마이어는 그의 요구대로 입을 다물었다. 그러나 2003년 성인이 된 삼남매는 유전자 감식 결과를 토대로, 자신들이 미국 비행역사에 남을 영웅 린드버그의 친자라는 사실을 밝혔다. 이어서 린드버그가 여러 명의 내연녀와 혼외정사를 통해 총 일곱 명의 자녀를 두었다는 충격적인 사실도 공개되었다. 린드버그와 내연관계였던 사람은 브리기테뿐만이 아니었으며, 여기에는 브리기테의 동생인 마리에타와 비서였던 발레스카까지 포함되었다.

유명 비행기 조종사였던 린드버그는 1950년 중반부터 사망한 1974년까지 수십 년간 완벽한 이중생활을 했는데, 이것을 아는 사람은 린드버그와 그의 여인들뿐이었다. 린드버그 전기를 집필했던 작가들과 아내였던 앤 모로는 의심조차 못했다고 한다. 린드버그가 브리기테에게 연애편지를 150통이나 썼는데도 말이다.

린드버그는 사적으로만 이중생활을 한 것이 아니었다. 그는 미국 정부와 군 당국의 비밀 지시를 받아 독일의 항공과 로켓 연구에 관한 첩보 활동을 펼쳤다. 또 비밀리에 진행된 무기개발 프로그램에도 참여했으며, 전 세계에 퍼져 있던 미국의 폭탄기지도 탐색했다. 린드버그는 공식적으로 미국 항공사인 팬 암Pan Am의 대표이사였다.

린드버그의 비밀에 싸인 삶에 대해 책을 썼던 기자 루돌프 슈뢰크에 따르면, 그는 이중생활을 하는 데 매우 이상적인 조건을 갖춘 남자였다. "그는 미국 정부든 공군이든 팬 암이든 같은 대우를 받았습니다. 밤낮 상관없이 미국의 모든 비행기에 올라타고 지구 어느 곳이든 날아갈 수 있었지요. 그것도 일등석에 공짜로 말입니다."

저명한 건축가 루이스 칸도 세 명의 여인과 관계를 맺고 세 명의 자녀를 낳았다. 더욱 놀라운 사실은 세 가족이 모두 함께 살았다는 점이다. 이들은 칸이 세상을 떠난 후에야 비로소 각자 살 곳을 찾아 떠났다. 이와는 반대로 프랑스 전 대통령 프랑수아 미테랑의 내연관계는 완전한 비밀은 아니었다. 그는 연인 안 팽조와 혼외자인 마자린과 함께 두번째 가족을 이루었다. 미테랑의 부인과 그가 속해 있던 정당은 이 사실을 알고 있었지만, 공식적으로 언급되지는 않았다. 오랜 시간에 걸쳐 지속된, 한 독일 정치인의 비밀스러운 이중생활이 2007년 초 일간지 빌트 차이퉁의 보도로 종지부를 찍은 사례도 있다. 신문은 20년 넘게 결혼생활을 유지하면서 세 명의 자녀를 둔 정치가가 3년 전부터 외도를 해왔다고 보도했다.

어떻게 이런 생활이 가능했을까? 그들은 양심의 가책을 느끼지 않은 걸까? 루시 베르트와 제니 플레허티는 앞서 언급했던 네 명의 여성을 상대로 한 질의연구를 통해 다음과 같은 결론을 얻었다. "이 네 명은 특정한 관계에 대한 욕구를 채우고 싶어하는 동시에 관계에 상처를 내고 싶지 않았던 것으로 보입니다. 이들은 비밀을 지킴으로써 기존의 관계를 유지할 수 있었습니다. 동시에 또다른 새로운 관계를 가질 수 있었고요. 원래 삶과는 어울리지 않는 듯한 삶을 말이지요. 이들은 종전의 관계를 유지하면서 다른 삶을 시험해보거나, 자신이 처한 문제를 해결하려고 일정 기간 다른 사람을 속여가면서 시간을 벌기도 합니다. 이때 자신이 살아온 삶을 항상 염두에 두지요."

물론 이런 의견에 반대의 목소리를 높이는 이들이 많을 것이다. 린드버그나 미테랑의 삶은 너무나 이기적이고 부도덕하기 때문이다. 게다가 배우자는 이 '해결책'으로 말미암아 속고 기만당한다. '긍정적인 거짓말'도 분명 존재하긴 하지만, 이렇게 거짓으로 다른 사람을 상처 입히는 삶은 결코 해법이 될 수 없다! 그런데도 이런 일들이 실제로 벌어지는 이유는 뭘까? 심리학자 볼프강 슈미츠바우어는 두 사람이 서로 사랑하고 배우자에게 만족하는 형태가 최상이며 가장 아름답다는 의견에 전적으로 동의하면서, 조심스럽게 의견을 덧붙인다. "두번째로 좋은 형태는 나에게 없는 것을 배우자가 다른 사람을 통해 얻어서 만족스러운 삶을 사는 것이다. 세번째로 좋은 형태는 서로 사랑하지만 배우자에게 만족하지 못하는 것이다. 마지막으로 가장 나쁜 형태는 보기에도 애정이 결여되어 있고, 더 깊이 들여다봤을 때 '사랑 안에서 비참함을 느끼는 것이 전부 자신 때문'이라며 스스로를 비난하는 것이다. 자신이 원하는 것을 다른 사람에게서도 얻을 수 없는 배우자가 바로 이렇게 행동한다."

그의 말은 배우자가 채워주지 못하는 부분을 외도를 통해 해결하는 것이 좋을 수도 있다는 의미로까지 읽힌다. 여기서 발생하는 모든 윤리적 판단을 잠시 보류하고 생각해보면, 몰래 하는 사랑이 잃어버린 자유를 되돌려주는 경우가 있을 수는 있다. 볼프강 슈미츠바우어는 "이전의 애정관계에서 너무 많이 희생된 부분을 대신하려고 비밀의 애인을 만드는 경우가 많습니다. 이전에 자유가 존재하던 자리를 구속하는 배우자 대신 새로운 애인이 열정을 불러일으킬 수 있습니다"라고 설명했다. '호스트'도 본처가 숨조차 쉴 수 없을 정도로 자신을 힘들게 하는 바람에 다른 여성과 사랑에 빠지게 되었다고 말한다.

아내는 항상 제게 "당신을 알아주는 사람은 나밖에 없잖아요. 당신 자신보다 내가 당신을 더 잘 알아요"라고 말합니다. 문제는 어떤 면에서는 아내 말이 맞다는 겁니다. 아내와 사는 동안 아내에게는 아무것도 숨길 수 없다는 사실을 깨달았습니다. 아내는 항상 저보다 두 발자국 앞서 있었습니다. 그러다 보니 저 자신의 삶이 존재하지 않았습니다. 아내는 제가 어떻게 살아야 하는지 전부 결정했습니다. 어쩌면 바로 이런 이유 때문에 뛰쳐나왔는지도 모르겠습니다. 저를 새롭고, 흥미롭고, 낯설게 느끼는 사람과 함께하고 싶었습니다. 아내에게 뭔가를 비밀로 할 수 있다는 사실을 확인하고픈 마음도 있었고요.

호스트는 아내가 그를 위해 모든 것을 판단하고 결정해주었기에 자신이 진정 무엇을 원하는지 알 수 없었다. 그래서 정체성을 잃을 위험이 도사린 삶에서 탈출했다. 오래 지속된 부부관계 속에서 자아를 너무나 많이 포기했고, 배우자와 이룬 '우리'라는 관계에 자신을 예속시킨 것이 문제였다. 이렇게 반복되는 일상의 의무와 애정관계에서의 따분함, 주위의 기대로 온 기운을 몽땅 빼앗기고 나면, 있는 그대로의 자신이 될 수 있는 공간이 남지 않은 경우가 허다하다. 예전에 있었던 즉흥성은 어디로 간 걸까? 활력과 감성적 사고는? 눈이 멀 정도로 푹 빠져 있던 애인과 맨발로 공원을 걸어다니던 그 젊은 여인은 어디로 갔을까? 몇 날 밤을 지새우며 삶의 중대한 주제를 놓고 토론하던 젊은 남자는 어디로 사라진 걸까?

볼프강 슈미츠바우어는 외도하는 사람의 상황을 30년이나 전쟁을 겪은 농부의 상황에 비유한다. "그들은 자신이 버림받고 모든 것을 잃을지도 모른다는 큰 두려움 때문에 다른 연인과 다른 삶을 삽니다. 마치 30년이나 전쟁을 겪은 농부가 마을에 있는 농장이 약탈당하면 피난처로 이용할 수 있도록 산속 깊은 곳에 또다른 집을 숨겨두는 것처럼요."

'마리안네'도 안전을 핑계로 또다른 삶을 살고 있다. 하지만 자신에게 왜 또다른 삶이 필요한지 오랫동안 깨닫지 못했다. 그녀는

15년 전부터 결혼생활을 해왔는데, 2년 전부터 직장 동료와 몰래 혼외관계를 맺었고 너무나 괴로운 나머지 심리치료사를 찾았다.

예상했던 대로 심리치료사는 두 남자에 대한 이야기뿐 아니라 저의 모든 것에 대해 알고 싶어했습니다. 우선 복잡한 감정을 상세히 말하도록 했지요. 이것만으로도 마음이 한결 가벼워지더군요. 계속해서 부모님, 출생, 유년 시절에 대해 물었습니다. 대화를 나누면서 이전에 겪었던 한 사건이 완전히 다른 의미로 다가왔어요. 여섯 살 때였나. 아버지가 가벼운 사기 행위로 2년 동안 감옥에 계신 적이 있어요. 이 일로 저희 가족에겐 엄청난 여파가 닥쳤습니다. 사회적으로 평판이 좋던 지역에서 쫓겨나 빈민가로 이사를 가야 했고, 저는 전학 간 학교에서 불량한 학생이 되었습니다. 돈, 명예, 지위, 친구, 우리가 가졌던 모든 것을 잃어버렸지요. 우리는 고립되었어요.

아버지가 출소하고 나서도 상황은 좋아지지 않았어요. 아버지가 일자리를 구하지 못해서, 어머니가 청소부로 일했는데 많이 고생하셨죠. 결국 제가 열네 살 때 어머니는 암으로 돌아가셨어요. 이 모든 일을 나름 잘 극복했다고 믿었어요. 하지만 심리치료를 받으면서 그 경험으로 인해 안전에 대한 욕구가 굉장히 강해졌다는 사실을 알게 되었어요. 그 어떤 것에도, 그 어떤 사람에게도 기댈 수 없다고 느꼈던 거죠. 그래서 지금까지 살

반복되는 일상의 의무와 애정관계에서의 따분함, 주위의 기대로 온 기운을 몽땅 빼앗기고 나면, 있
는 그대로의 자신이 될 수 있는 공간이 남지 않은 경우가 허다하다. 예전에 있었던 즉흥성은 어디
로 간 걸까? 활력과 감성적 사고는? 눈이 멀 정도로 푹 빠져 있던 애인과 맨발로 공원을 걸어다니
던 그 젊은 여인은 어디로 갔을까? 몇 날 밤을 지새우며 삶의 중대한 주제를 놓고 토론하던 젊은
남자는 어디로 사라진 걸까?

아오면서 항상 저 자신에게만 기댔어요. 부부생활에서도 남편에게 기대려고 하지 않았습니다. 남편과의 삶이 언젠가는 물거품이 될 수 있다는 두려움이 항상 잠재해 있었어요. 그런데 동료와 사랑을 시작하면서 비로소 다시 안전하다고, 안전장치를 설치했다고 느꼈죠. 두 남자와의 관계로 인해 삶이라는 줄 위에서 안전하게 줄타기를 할 수 있는 거예요. 하나의 관계가 불안하다고 느껴지더라도 다른 관계가 있으니까요.

핑계에 불과할지도 모르지만, 마리안네의 비밀스런 두번째 삶은 안정감을 높이고 상실에 대한 두려움을 줄여주는 역할을 하고 있었다. 물론 상실의 두려움이나 이런저런 문제를 이중생활로 극복하려는 방법은 장기적인 해결책이 될 수 없다. 다만 이를 통해 버려지는 것에 대한, 혹은 실패에 대한 두려움을 완화할 수는 있을 것이다. 안정감을 얻기 위해 이중생활을 하는 사람은 시가이 흐르면서 둘 중 하나를 포기할 수도 있다. 정신적으로 충분히 강해져서 더이상은 절망적으로 누군가에게 의존하지 않아도 되고, 버려졌다는 느낌도 받지 않게 되면 말이다. 남편에게 애정을 느끼지 못하면서도 한동안 결혼생활을 유지했던 여성은 심리학자 베르트와 플레허티에게 자신의 상황에 대해 다음과 같이 묘사했다.

"마치 제가 어둡고 커다란, 바닥이 없는 구렁텅이에 빠진 기분이었어요. 도망가도 싶어도 무엇이 저를 기다리고 있을지 알 수 없어

무서웠죠. 그렇다고 그대로 구렁텅이에 머무는 것도 끔찍했어요. 하지만 비밀이 생기면서 도망갈 수 있을 것 같았어요. 제가 남편에게 저항할 수 있을 만큼 용감하다는 생각이 들기 시작한 거죠. 시간이 흐르면서 제가 점점 더 강해지는 걸 느꼈습니다."

어떤 동기로 두번째 삶을 살고 있든지 비밀이 있는 사람이라면 명심해야 할 것이 있다. 문이 활짝 열리고 비밀이 숨겨져 있던 피난처가 드러나면, 대부분 이성적으로 생각하기 어렵다는 점이다. 줄리언 반스의 『레몬 테이블』이라는 단편집에는 두번째 삶이 밝혀지고 나서 어떻게 모든 것이 뒤죽박죽되었는지를 그린 「과일 보호망」이라는 단편이 실려 있다.

비밀이 밝혀진 과정은 이렇다. 꽃의 구근이 문제였다. 마침 이웃 마을에 사는 친구가 남아도는 수선화를 준다고 해서 엄마는 아버지에게 브리티시 지역에서 돌아오는 길에 꽃을 가지러 가달라고 할 참이었다. 엄마는 이 일로 클럽에 전화해서 아버지와 통화하고 싶어했다. 그런데 전화를 받은 매니저가 아버지가 자리에 없다고 했다. 엄마는 예상치 못한 말을 들으면 상대방이 멍청하다며 탓하는 경향이 있었다.

"당구를 치는 중이겠지요." 엄마가 말했다.

"아닙니다."

"제발 바보같이 굴지 마세요." 엄마가 어떤 말투로 말했을지 상상이 간다. "수요일 오후에는 항상 당구를 치러 가잖아요."

"여보세요, 사모님. 제가 클럽에서 일한 지 벌써 20년째입니다. 그동안 수요일 오후에 남편분이 당구를 친 적은 단 한 번도 없습니다. 월요일, 화요일, 금요일이라면 모를까, 수요일은 아니라고요. 무슨 말인지 아시겠어요?" 매니저가 되받아쳤다.

이런 대화가 오갔을 때 엄마는 여든 살이었고, 아버지는 여든하나였다. 이 일로 아버지가 오래전부터 이웃집 과부 엘지 씨와 관계를 맺었다는 사실이 밝혀지고 말았다. 수요일 오후의 알리바이가 폭로된 지금, 아버지는 엄마를 떠났다. 아들의 원망 섞인 질문에 아버지는 이렇게 대답했다.

"그런데…… 왜 하필 지금 사실을 밝히신 거예요? 벌써 몇 년 전부터 그래왔다면서요."

"몇 년이라니 무슨 말이야?"

"몇 년 동안 계속 클럽에 가서 당구를 쳤다고 엄마에게 그러셨잖아요."

"거의 맞는 말이야. 실제로 클럽에 갔었으니까. 그냥 간단히 설명하고 넘어가려고 항상 당구를 쳤다고 말한 거지. 그런데 가끔은 혼자 차 안에 앉아 있다가 온 적도 있어. 그저 들판을 바라보기만 한 적도 있고. 엘지 씨와 가까워진 건 최근 일이야."

"우리집이 가난하다는 사실을 숨겼고, 덕분에 동정심으로부터 저를 지킬 수 있었어요"

자주성이 강한 자아는, 어린 시절의 작고 천진난만한 비밀에서 시작된다

앞서 말했듯 비밀은 어른만의 소유물이 아니다. 대부분 아이들은 아주 이른 시기에 무언가를 숨길 수 있다는 사실을 발견한다. 물론 친구 모르게 무언가를 감추는 경우도 있지만, 대부분은 어른들 몰래 무언가를 숨긴다. 성에 눈뜨고 옆집 아이와 사랑에 빠지거나 용돈을 받아서 부모가 절대 허락하지 않을 물건을 사기도 한다. 담력을 시험하려고 슈퍼마켓에서 물건을 훔치거나 아무도 알아서는 안 되는 비밀장소를 만든다. 이불을 뒤집어쓴 채 몰래 책을 읽고, 먹기 싫은 도시락 반찬을 버리며, 일기장을 조심스럽게 잘 숨겨놓는다.

이렇듯 아이들에게도 비밀이 있다. 자신의 비밀이나 다른 사람의 비밀을 지키기 위해 거짓말을 할 때도 있다. 부모 입장에서는 아이가 될 수 있으면 거짓말을 하지 않기를 바라기에, 진실과 정직의 가치를 늘 강조한다. 그래서인지 아이가 거짓말을 하면 부모는 자신이 잘못 가르쳤다며 자책하곤 하는데, 사실은 그렇지 않다. 물론 거짓말의 종류와 강도, 횟수에 따라 다르겠지만 아이가 늘 진실만을 말하지 않는다면 화낼 게 아니라 오히려 기뻐해야 한다. 무언가를 숨긴다는 것은 아이의 자주성이 커나가고 있다는 좋은 신호이기 때문이다. 무언가를 마음속에 숨길 능력이 생기면 아이는 자립성과

개성을 쌓아나가기 시작한다. 비밀은 아이가 정신적으로 건강하게 발전하는 데 필요한 전제조건 중 하나다.

아주 어릴 때는 아직 비밀이 무엇인지 모른다. 이 시기의 아이는 자신이 의도하는 것을 숨길 줄 모르며, 자기의 행동과 사고가 어른의 행동과 사고에 정확히 일치한다고 굳게 믿는다. 그리고 다른 사람, 특히 부모가 자기를 완전히 이해한다고 믿는다. 이처럼 유아는 아직 자신을 다른 사람과 따로 떨어뜨려서 독자적으로 인식하지 못한다.

그러다 약 다섯 살 정도가 되면 세상을 인식하는 방식이 변한다. 아이는 어른이 알아차리지 못하게 뭔가를 숨길 수 있다는 사실을 발견한다. 자신을 다른 사람과 구분된 독립적인 인격체로 인식하기도 한다. 또 어렴풋이나마 자신의 생각이 오로지 자기에게만 속하며, 타인이 나 자신과는 상관없이 존재한다는 사실도 깨닫는다. 무엇보다 '나는 다른 사람의 의지에 구애받지 않으며 내 마음에 들어오려는 다른 사람을 밀어낼 힘이 있다'는 사실을 어느 정도 깨닫고 안도감을 갖는다. 이 단계에 이르면 어른은 더이상 아이를 마음대로 이끌 수 없게 된다.

심리학 분야에서 실행된 수많은 연구는 연령층에 따라 진실에 대한 견해가 다르다는 사실을 증명했다. 예컨대 심리학자 레나테 발틴과 앨런 왓슨, 엘리자베스 플리트너의 연구도 같은 결과를 내놓았다. 세 학자는 독일과 오스트레일리아에 거주하는 다섯 살부터 열두 살까지의 아이들 200명을 대상으로 비밀과 연관된 실험을 했다. 아이에게 일상적인 상황을 주제로 한 이야기를 들려준 뒤, 개별 인터뷰를 진행하는 방식의 실험이었다. 이야기의 내용은 이렇다. 한 아이가 친구에게 비밀을 들려주면서 아무에게도 말하지 말라고 부탁하고, 친구는 그렇게 하겠다고 약속한다. 그때 비밀을 지키겠노라 약속한 아이의 엄마가 와서 무슨 이야기를 하고 있었는지 묻는다. 아이는 엄마에게 어떻게 답해야 할까?

대여섯 살 정도의 아이들은 거의 다 엄마에게 진실을 말할 것이라 답했고, 여덟 살인 아이들은 절반만이 사실대로 말하겠다고 답했다. 반면 열 살에서 열두 살까지의 아이들은 대부분 무조건 비밀을 지키겠다고 답했다. 이를 보면 연령층에 따라 비밀을 다루는 법을 구분할 수 있다는 사실이 드러난다. 어린아이들은 '엄마에게 항상 진실을 말해야 한다'는 계명에 따라 행동하지만, 보다 연령층이 높은 아이들은 '친구의 믿음을 저버려서는 안 된다'는 기준이 더 크게 작용한다. 이때 비밀은 우정을 쌓아가고 지속시키는 연결고리가 된다.

아이에게 비밀은 몰래 먹은 음식, 아무도 모르는 장난감, 다른 사람이 알아서는 안 되는 비밀 장소, 아무도 이해하지 못하는 놀이 같은 개념이다. 어떤 비밀도 부모가 정한 계명이나 금지선을 넘지 않으며, 단순히 혼자만 어떤 것을 알고 있다는 사실을 즐길 뿐이다. 하지만 대여섯 살이 되면 작고 귀여운 비밀만 숨기는 단계에서 한

발 더 나아가게 된다. 이 시기의 아이는 다른 사람에게 보여줘도 되는 감정과 혼자만 품고 싶은 감정을 스스로 판단해서 결정하기 시작한다. 이때 결정에 영향을 미치는 요소는 매우 다양하다.

먼저 자긍심을 지키기 위해 비밀을 갖겠다고 결정하는 경우다. 아이는 상처받았다는 사실을 다른 사람에게 들키기 싫어서 감정을 숨긴다. 같은 반 친구의 생일파티에 초대받지 못해서 슬프다는 것을 말하지 않거나, 엄살쟁이나 겁쟁이로 비치기 싫어서 다쳐도 아픈 기색을 하지 않는다. '말리스'는 아무리 어린아이라도 감정을 숨길 수 있다는 사실을 보여준다.

다섯 살 무렵이었던 것 같아요. 엄마는 불같이 화를 잘 내는 사람이었어요. 손이 올라갈 때도 잦았고요. 그날도 그랬어요. 아직도 기억해요. 엄마가 제게 마구 화를 내면서 손찌검을 했어요. 무엇 때문이었는지도 모르겠어요. 하지만 엄마가 저를 때리는 일이 옳지 않다는 건 알았어요.

그날, 시간이 조금 흐른 뒤 엄마가 다림질을 하면서 도와달라고 했어요. 아빠 손수건처럼 작은 빨래는 개는 일이요. 그때 제가 다리미에 너무 가까이 다가가는 바람에 팔을 크게 데고 말았죠. 하지만 저는 꿈쩍하지 않았어요. 그때까지도 마음이 상해 있었거든요. 엄마가 걱정하면서 다정하게 굴 기회를 주고 싶지 않았어요. 그래서 입을 꾹 다문 채 아픈 것을 참았어요.

나중에 엄마가 제 팔에 난 상처를 발견하고 죄의식에 휩싸여 너무나 미안해했을 때, 이겼다는 기분이 들었어요. 엄마에게 내가 어떻게 느끼는지 전혀 보여주지 않았다는 승리감이었죠.

또한 다른 사람의 감정을 지키기 위해 비밀을 만드는 경우도 있다. 아이는 관찰을 통해 배우는데, 평소 어른들을 보면서 다른 사람에게 상처를 주지 않으려면 거짓말을 할 수도 있다는 사실을 자연스레 알게 된다. 가령 "할머니가 떠준 스웨터가 마음에 든다고 말씀드려"라고 권유받을 때, 아이는 다른 사람의 기분을 좋게 하려면 진실과 일치하지 않는 이야기를 해도 된다는 사실을 은연중에 배우게 된다. 또한 엄마가 "지금 이모가 오면 곤란한데"라고 하면서도 (이모가 초인종을 눌렀을 때) 반갑게 맞아주는 것을 보고, 이렇게 거짓 행동을 하는 데는 그럴 만한 이유가 있을 거라고 추론한다. 말과 행동이 모순된다는 사실을 파악한 아이는 '정직하게 말하지 않아서 상황이 더 좋아질 수도 있다'는 점을 이해한다.

한편 어떤 아이는 부끄러워서 비밀을 감추기도 한다. 가령 엄마가 술을 많이 마시거나 아빠가 엄마를 때리는 일, 혹은 경제적으로 힘든 상황을 아무에게도 알리지 않는다. '올라' 역시 집이 가난하다는 사실을 오랫동안 비밀로 했다. 때로는 비밀을 지키기 위해 기막힌 이야기를 지어낸 적도 있다.

저희 집은 가난했어요. 아빠는 일용직 노동자였고, 엄마는
전업주부였거든요. 꼭 필요한 것만 사야 할 정도로 항상 돈
이 빠듯했어요. 제가 입고 다니는 옷은 굳이 안 사도 되는 것
에 속했죠. 치마가 단 한 벌밖에 없었을 때도 있어요. 그 치마
가 어떻게 생겼는지는 아직도 생생해요. 엄마는 치마가 '멋지
고' 빳빳한 모포지로 되어 있다고 몇 번이나 강조하셨는지 몰
라요. 앞쪽에 주름이 잡힌 체크무늬 치마였어요. 예쁘기도 했
지만 분명 약간 비쌌을 거예요.

저는 거의 2년 내내 이 치마만 입고 다녔어요. 매일 똑같은
옷만 입고 학교에 갔으니 눈에 띄지 않을 수가 없었죠. 친구들
에게는 사랑에 빠질 만큼 치마가 너무 좋다고 말했어요. 가장
좋아하는 옷이라서, 엄마가 똑같은 치마를 세 벌이나 사줬다
고 했죠. 저랑 친한 애들은 참 신기하게 생각했어요. 지금이었
다면 "진짜 쿨하다~"라고 말했을 거예요. 어쨌든 그 친구들은
제 이야기를 믿어줬어요. 그래서 저는 우리집이 가난하다는 사
실을 숨길 수 있었고, 동정심으로부터 저를 지킬 수 있었어요.

나쁜 결과를 피하기 위해 비밀을 만드는 아이도 적지 않다. 아이
들은 나쁜 일을 저지르고 난 뒤 거짓말하는 법을 배우곤 한다. 예
를 들어 허락받지 않고 과자를 먹어서 벌받은 적이 있다고 해서, 다
음부터는 먹어도 되느냐고 물어보는 유순하고 말 잘 듣는 아이가

되는 경우는 많지 않다. 오히려 몰래 과자를 먹은 뒤 누군가 물어보면 먹지 않았다고 부인할 가능성이 더 크다. 자기 아이는 착하고 거짓말을 하지 않는다고 믿는 부모라면 아동심리치료사 마이클 루이스와 동료가 실행한 다음의 연구 결과에서 많은 점을 배울 수 있을 것이다.

루이스는 비디오카메라가 설치된 방에 아이를 머물게 한 뒤 행동을 관찰했다. 아이는 실험 진행자에게 등을 돌리고 책상에 앉아 있다. 진행자는 나중에 멋진 놀이를 할 거라고 말하고, 다만 지금은 뒤돌아보면 안 된다고 일러둔다. 그런 다음 5분 동안 자리를 비울 것이라고 알려주며 방을 나선다. 이때 다시 한번 절대 뒤돌아봐서는 안 된다고 주의를 준다. 아이는 어떻게 행동할까? 당연히 진행자의 말을 따를 리 없다. 대부분 아이는 호기심을 이기지 못하고 몸을 돌려서 무슨 놀이를 하게 될지 확인한다. 이때 진행자가 방으로 들어와서 "봤니?"라고 물었을 때 아이의 반응과 표정을 기록하는 것이 실험의 주요 포인트였다.

실험에 참여한 세 살부터 여섯 살까지 아이들의 부모 중에는 결과를 보고 썩 만족하지 못한 사람이 많았다. 놀이에 대한 유혹을 참아낼 수 있는 아이는 극소수에 지나지 않았다. 세 살 이하 가운데 고작 10퍼센트(대부분 여아)만이 진행자가 방을 나간 뒤에도 뒤돌아보지 않았다. 세 살 이상 아이도 마찬가지로 거의 규칙을 지키지 않았다. 여섯 살 이상이 되어서야 35퍼센트 정도가 참을성을 갖고 진행자가 지시한 사항을 그대로 따랐다. 그런데 아이에게 "봤니?"라고 물었을 때, 놀이를 확인한 아이 중 38퍼센트가 진실을 말했고, 거의 같은 수치인 37퍼센트가 거짓을 말했다. 그리고 전체의 25퍼센트에 해당하는 아이들은 아무 말도 하지 않았다.

진행자는 이 실험에서 거짓말하는 아이를 표정으로 알아낼 수 있는지도 관찰했다. 거짓말을 할 때 아이가 초조해하며 어색하게 미소를 짓나? 입술을 깨무나? 아니면 눈을 마주치려 하지 않나? 연구자는 실험 과정을 녹화한 비디오를 실험과 상관없는 사람에게 보여주었다. 비디오를 본 사람은 어떤 아이가 거짓말을 했는지 알아낼 수 있었을까? 결과부터 말하자면, 이들은 거짓말을 한 아이와 사실을 말한 아이를 구별하지 못했다. 이것은 아이들이 들키지 않고 어른을 속일 수 있다는 의미다. 특히 나이가 많고 영리한 아이일수록 거짓말에도 뛰어나다. 이는 깜짝 놀랄 만한 사실이며, 일반적으로 이루어지는 교육방침과도 전혀 맞지 않는다. 또 부모 입장에서 봤을 때 네다섯 살밖에 안 된 아이의 내면을 더이상 무한정 들여다볼 수 없다는 사실을 인정하기란 절대 기분 좋은 일이 아니다. 이런 생각은 부모를 슬프고 불안하게 만든다.

하지만 아이가 거짓말을 하고, 아이 혼자만 아는 무언가가 있다는 사실 때문에 걱정할 필요는 전혀 없다. 마음 깊숙한 곳에 있는 것을 어른에게서 지키는 경험을 한 아이는 자신이 독립적으로 존재한다는 사실을 배우며, 이를 통해 자신을 이해하는 능력을 기를 수 있다. 심리학자 세르주 티세롱은 "개인의 심리 구조는 비밀을 품고 있을 때만 성장합니다. 아이가 처음으로 거짓말을 한 순간은 중요한 의미가 있습니다. 이때의 경험으로 아이는 부모가 자기의 생각을 들여다볼 수 없다는 사실을 깨닫는데, 이로써 자신이 자주적이며 독립적인 인격체임을 확신하게 됩니다"라고 설명한다. 가족심리 치료사 에번 임버 블랙도 아이의 성장과정에서 비밀이 중요한 역할을 한다는 사실을 강조한다. "비밀을 지키는 일은 어린아이가 자주적인 인격체로서 스스로의 생각과 감정을 인지하는 데 기여합니다. 아이는 물질적, 정신적으로 숨을 곳을 찾음으로써 자주적 자아를 발견합니다."

어렸을 때의 비밀 놀이는 자주적 인격체로 향하는 길에 놓인 중요한 이정표다. 심리학자 융은 열 살쯤 나무 인형과 인형 침대를 만들어서 어딘가에 숨긴 적이 있다. "아무도 내 비밀을 알아내서 없앨 수는 없었다. 비밀은 성격 형성에 매우 큰 영향을 미친다. 생각건대 비밀은 유년기의 중요한 부분이다." 가족치료사이자 부부치료사인 로즈마리 벨터 엔덜린도 이러한 견해에 동의한다. 벨터 엔덜린은 유년기에 처음 비밀을 가졌을 때를 기억한다. "'무언의 1950년대'에 시골의 대가족 틈바구니에서 자란 저는 '우리'라는 강한 개념으로 모두가 하나되는 것 말고, 비밀을 통해 개인 영역을 만듦으로써 '나'라는 감정을 발전시킬 수 있음을 일찍부터 깨달았습니다. 어릴 적에는 가족과 친지, 하인이 모두 커다란 집에서 함께 살았는데 이곳에 사생활 따위는 존재하지 않았습니다. 그래도 아이였던 우리는 자신만의 작은 구석을 찾아냈고, 비밀을 숨길 기회도 아주 많았지요."

로즈마리 벨터 엔덜린은 이미 어렸을 적 비밀이 자신에게 힘을 준다는 사실뿐만 아니라, 어른들도 서로 말하지 않는 비밀이 있다는 사실을 알았다. "저는 다섯 형제 중 첫째인데다 중개자 역할을 톡톡히 해서, 아주 어릴 때부터 엄마 아빠 사이의 비밀을 지켜왔습니다. 금전적인 일은 특히 그랬죠. 예를 들어 아빠가 큰 액수가 당첨되기를 바라면서 제게 복권 심부름을 시킨 일 같은 것 말이에요." 슈테판 츠바이크는 단편 「일급 비밀」에서 '어딘가에 비밀이 있다'는 어린 시절의 인식이 아이의 성장에 어떤 영향을 주는지 잘 그려냈다.

열두 살 소년 에드가는 건강상의 이유로 엄마와 함께 요양 간 제머링에서 젊은 남작을 알게 되었다. 남작은 아이에게 마음을 열었고, 에드가는 새로운 친구를 사귀었다는 생각에 기뻐했다. 하지만 남작은 소년에게 그다지 관심이 없었다. 그가 실제로 관심을 뒀던 대상은 소년의 매력적인 엄마였다. 즉 그녀의 마음을 얻기 위해 에드가를 이용했던 것이다. 남작의 계획은 통했다. 엄마가 젊은 남작과 사랑에 빠진 것이다. 이제 엄마에게 중요한 사람은 남작뿐이었고, 소년은 사랑에 빠진 한 쌍의 어른들에게 귀찮은 존재가 되어버렸다.

에드가는 자신이 버려지고 냉대받았다고 느꼈다. 소년은 더이상 세계가 어떻게 돌아가는지 이해할 수 없었고, 새로 사귄 친구와 엄마를 변하게 한 것이 무엇인지 자문하며 절망에 빠졌다. 그리고 어른들에게 자기와 나누고 싶지 않은 비밀이 있는 것 같다고 느꼈다. 에드가는 프랑스어 여자 선생님에게 벌어졌던 일을 떠올리며 아마도 그것과 비슷한 일일지도 모른다고 추측한다. 선생님은 어느 날 갑작스럽게 학교를 그만두었는데, 자세한 내막은 알 수 없었지만 에드가는 자신의 아빠와 가까운 사이를 유지하지 못했기 때문이라고 생각했다. 에드가는 자기만 항상 배제당하는 것이 슬펐다. 비밀로 가득한 어른의 세계로 들어가는 입구를 찾고 싶었다. 더이상 바보 같은 어린 아이로 머무르지 않고 엄마와 남작 사이에 일어난 비밀스러운 일을 폭로하고 싶었다.

그래서 소년은 두 사람을 몰래 염탐했고 이들에게 점점 반항적인 태도를 보였다. 그러다가 상황이 극에 달해서 에드가가 남작을 공격하게 된다. 엄마는 몹시 화를 내면서 소년을 때렸고, 남작은 이후에 이 일을 핑계 삼아 (가벼운 마음으로) 엄마를 떠나버렸다. 에드가는 자신의 행동에 혼란스러워하며 할머니에게 도망쳤다. 하지만 그곳에는 이미 제정신이 아닌 엄마가 와 있었고, 얼마 후 아빠까지 와서 도대체 무슨 일이 있었는지 알고 싶어했다. 에드가가 아빠에게 모든 것을 말했다면 일은 분명 간단했을 것이다. 소년은 진실을 말하면 벌받지 않으리라는 것을 본능적으로 느꼈다.

그럼에도 망설이면서 엄마를 바라보았는데 엄마가 이상한 신호를 보내왔다. 그 순간 에드가는 깜짝 놀랐다. 처음에는 엄마가 무엇을 하는지 몰랐으나 이내 엄마가 손가락을 입에 갖다 댔다. 그제야 에드가는 엄마가 자기에게 말하지 말라고 부탁하고 있다는 것을 알아차렸다. 에드가는 마음속에 온기가 퍼지는 것을 느꼈다. 이제 자기도 그곳에 속한 것이다. 엄마의 비밀을 알게 된 이상 공범자가 될 수도 있다. 엄마는 에드가를 자기편으로, 비밀을 함께 나눈 사람으로 만들었다. 그는 더이상 아이가 아니었다. 엄마에게 비밀이 있고 이 비밀을 혼자만 알고 있어야 한다는 깨달음은 소년을 유년기의 순진무구함에서 벗어나게 했다. 에드가는 이제 엄마와 아빠 사이에 경계가 있는 것처럼 엄마와 자기 사이에도 경계가 존재한다는 것을 알았다. 그는 이제 사람들이 서로에게 모든 것을 다 말하는 것은 아니며, 그럴 필요도 없다는 사실을 알았다. 소년은 어른의 세계를 들여다봄으로써 점점 성숙해졌다.

또한 비밀은 아이로 하여금 자신의 한계를 발견하도록 돕는다. 아이는 비밀을 통해 자신과 다른 사람 사이를 분리하는 경계가 존재한다는 사실을 깨닫는다. 만약 이런 중요한 성장 단계를 경험하지 못하면, 정서 발달에 문제가 생긴다. 특히 부모가 아이 스스로 생각하고 행동하도록 자주성을 허락하지 않으면, 아이는 의존적인 성격이 되기 쉽다. 이런 부모는 아이가 독립을 향해 내딛는 한 걸음 한 걸음을 위험하다고 여겨서 이를 막으려고 애쓴다. 심리학자 도널드 위니코트에 의하면 성장과정에서 독립성을 경험하지 못한 사람은 '왜곡된 자아'를 형성할 수 있다고 한다.

왜곡된 자아를 지닌 사람은 다른 사람이 요구하는 일을 기꺼이 하며 다른 사람이 원하는 것을 인식하고 이해하지만, 정작 본인의 희망사항이나 욕구에 대한 감정은 상실한 상태다. 이처럼 자신을 남에게 맞춰 사는 사람은 공허함, 존재의 무의미함을 느끼며, 심지어 우울증까지 겪을 수 있다. 어린 시절 자신과 어른 사이에 뚜렷한 경계를 긋지 못하고 강력한 어른의 세계에 대항해 자기만의 공간을 만드는 것을 허용받지 못한 사람은 그후로도 어딘가에 얽매인 듯한 느낌을 떨쳐낼 수 없다.

부모는 아이에게 자유공간을 주고, 사생활을 허용할 필요가 있다. 하지만 실제로 이를 실천하기란 쉽지 않다. 뿐만 아니라 오늘날 양육 환경에서 비밀을 위한 장소가 점차 줄어들고 있다는 사실이 상황을 더욱 어렵게 만든다. 발달심리학자 로저 하트는 수십 년간 아이의 놀이방식이 어떻게 변화했는지 연구했다. 1970년대 아이는 숙제가 끝나면 집밖으로 나와 몇 시간이고 친구와 돌아다녔다. 아이가 무엇을 하면서 시간을 보냈는지 아는 부모는 드물었다. 아이는 혼자서 다니거나 다른 친구와 함께 집 근처에서 놀면서 주변을 익히고 자기만의 공간을 만들었다. 아이는 자유롭게 놀면서 어떤 강요도 받지 않고 움직일 수 있었다. 그 당시 부모는 아이에게 이런 가능성을 주었다.

하지만 수십 년이 지난 후 상황은 완전히 바뀌었다. 오늘날 부모는 아이에 대해 훨씬 많이 걱정하고 매 순간 아이가 어디에 있는지 무엇을 하는지 파악하고 있는 경우가 많다. 하트는 이런 태도가 아이의 독립성을 해친다고 말한다. 예컨대 요즘 아이에게 어떤 곳을 가장 좋아하는지 물으면 스스로 대답을 못하고 엄마에게 물어보는 경우가 종종 있다는 것이다. 하트는 "예전에는 상상도 할 수 없었던 일입니다. 예전 아이들은 부모가 한 번도 가본 적이 없는 곳에서 놀곤 했는데 말이지요"라며 격분했다. 아이는 어떤 사물이나 생각, 행동이 오로지 자신에게만 속한다는 긍정적인 경험을 할 수 있어야 한다. 자주성이 강한 자아는 어린 시절의 작고 천진난만한 비밀을 갖는 경험에서 시작된다.

더이상 체념하고, 불평하며,
스스로를 비난하고 싶지 않아서……
필요 이상으로 삶을 힘들게 만들고 있는 당신에게

여성의 삶은 남성의 삶보다 투명하게 공개되는 부분이 더 많다. 이는 여성이 자신만을 위해서 살거나 자신만을 위해 무언가를 소유하기 힘든 경우가 많으며, 늘 다른 사람의 시선을 신경쓰는 경향도 강하기 때문이다. 그런 탓에 여성들은 살면서 많은 것을 포기하곤 한다. 사람들이 연인이나 배우자에게 비밀로 하는 것이 있는지를 연구했던 크라프트 알솝은 남성보다 여성에게 비밀이 더 많다는 사실을 밝히고 다음과 같은 결론에 이르렀다. "여성은 남성보다 일관성을 갖고 연인관계를 대합니다. 남성보다 더 많은 것을 관계에 투자하지만, 그런 탓에 내적 갈등도 더 많이 겪게 되지요. 반면 남성은 자유롭게 움직일 수 있는 자신만을 위한 공간을 마련하는 데 더 신경쓰는 듯합니다."

몇 건의 연구 결과를 보면 비밀과 거짓말은 남성보다 여성에게 더 큰 부담을 안겨준다. 여성이 그로 말미암아 일어난 결과를 감정적으로 더 참기 어려워하기 때문이다. 즉 여성은 죄책감과 수치심에 남자보다 더 많이 고통받는다. 여성은 규정을 어기고 '죄'를 지었을 경우, 자신을 훨씬 엄격하게 평가한다. '나는 거짓말도 하고 비밀도 있으니까 도덕적으로 나쁜 사람이야'라고 하는 식이다. 반면에 남성은 "네가 그렇게 하라고 해서 내가 거짓말을 한 거잖아" 혹은 "네가 진실을 견디지 못해서 거짓말을 한 거야"처럼 자신의 거짓말을 정당화하고 책임을 떠넘기려는 경향이 있다. 또 거짓말을 해서 비밀이 생겼더라도 자신을 도덕적으로 나쁜 사람이라고 판단하지는 않는다.

이 근본적 차이로 갈등이 발생한다. 우리에게 비밀이 필요한 이유는 중요한 일을 안정적으로 발전시키고, 너무 많은 부당한 요구를 받지 않도록 자신을 지키고, 힘에 대한 권리를 행사하기 위해서다. 하지만 진실에서 멀어지는 것 같으면 양심의 가책을 크게 느낀다. 거짓말을 하거나 다른 사람을 속일 때 자책감을 느낌으로써 자신을 괴롭히고 스스로 부도덕하다고 힐난한다. 우리의 양심이 거짓말을 허용하는 경우는 다른 사람을 지키거나 남의 약점이 드러나지 않도록 방비하는 경우뿐이다. 즉 이타적인 거짓말은 괜찮지만, 자신을 위한 이기적인 거짓말은 비난받을 짓이라고 생각한다. 이렇게 봤을 때 우리는 필요 이상으로 삶을 힘들게 만드는 경향이 있다. 양심적으로, 도덕적으로 생각하다가 자신의 삶에 더 많은 공간을 마련할 기회를 제대로 이용하지 못하기도 한다.

오늘날 여성은 시대가 바뀌면서 새로운 사회적 역할을 부여받으면서 동시에 전통적인 역할을 수행할 것을 요구받는다. 대부분의 여성들은 직장생활과 가사, 양육을 병행하느라 힘이 빠져버린데다, 가족을 비롯한 다른 사람의 요구와 골칫거리를 처리하다보니 정작 자신이 원하는 것은 마지막 순서로 미루는 경우가 많다. 오늘날 여성이 엄청난 스트레스에 시달리는 주원인은 이처럼 여성의 삶에서만 볼 수 있는 특수한 요인에 있다.

◆ 만성적인 임무 초과와 시간 부족

여성은 직장일과 가사, 양육, 나이 많은 가족 구성원을 돌보는데 남성보다 훨씬 긴 시간을 투자한다. 독일 25~35세 여성이이런 임무를 해내기 위해 주당 90시간을 할애한 반면, 남성은겨우 68시간만 썼다.

◆ 전통적 역할 수행

아이가 태어나면 부부는 이전의 전통적 역할 분담에 따라 임무를 나누는 경우가 많다. 즉 여성은 다시 집에 머물고 남성혼자 가계를 책임지는 상황이 빈번하다. 젊은 엄마가 세웠던 삶과 직업상 목표는 무기한 연기되기 쉽다. 이로 인해 불만이 커지고 때로는 좌절하고 체념하기도 한다. 그런 면에서 직장생활을 하는 여성이 오히려 심리적으로 더 안정적인 경우가 많다.직장에는 '자유롭게 움직일 수 있는 공간'이 있고, 비밀은 아니지만 가족이 들어올 수 없는 자신만의 영역이 있기 때문이다.

◆ 관계 조성을 위한 작업

여성은 부부관계를 도모하고 가정의 분위기를 조성하는 일이 자기 몫이라고 여기는 경우가 많다. 가족 외에도 다른 사람이 도움과 지원을 필요로 하면 재빨리 이를 알아챈다. 이를 우선하다보면 자기 자신과 자신이 관심 있는 일, 하고 싶은 일은 자동으로 뒷전으로 밀린다.

이렇게 많은 요구를 챙기다보면 정작 자신을 잃어버리기 쉽다. 지나치게 많은 일을 하면서, 정작 자신을 무력한 존재로 느끼기도 한다. 이로 말미암아 우울증에 걸리는 여성의 비율은 남성보다 두 배나 높다. 실제로 여성이 우울증에 걸릴 위험성은 10~25퍼센트에 이르지만, 남성의 경우에는 5~12퍼센트에 지나지 않는다는 연구 결과가 있다. 우울증을 일으키는 근본 원인으로는 무력함과 속수무책을 꼽을 수 있다. 미국 사회심리학자 마틴 셀리그먼은 왜 여성이 일생 동안 무력함을 '과다 경험'할 수밖에 없는지 그 원인을 밝혔다. 셀리그먼은 "남아의 행동은 부모와 교사로부터 칭찬받거나 꾸지람을 받는 반면에 여아의 행동은 무시당하는 경우가 많습니다. 남아는 자신감 있고 적극적인 태도를 갖추도록 양육되지만, 여아는 소극적이며 의존적이게끔 키워집니다. 여성은 성인이 되고 나서도 주부와 어머니의 역할이 경시되는 문화에서 사는 경우가 많으며, 직장세계에서도 남성이 해낸 것에 비해 여성의 업적은 덜 인정받는다는 사실을 깨닫습니다"라고 지적한다.

여자들은 모든 것을 완벽하게, 모두가 만족할 수 있도록 실현시키고 싶어서 많은 생각과 고민을 하곤 한다. 사랑하는 사람과 자신이 원하는 모든 것을 위해서 말이다. 하지만 이렇게 골똘히 생각에 생각을 거듭하는 일은 위험하다. 다른 사람이나 자신의 문제, 그리고 미래에 대한 걱정으로 머릿속이 꽉 차면 새로운 것을 받아들일 여지가 없어진다. 자신에게 힘을 주는 무언가를 발전시킬 수 있는 '자유롭게 움직일 수 있는 공간'이 존재하지 않는 것이다. 미시건 대학 심리학과 교수 수전 놀렌 획세마는 여러 연구에서 고민하는 성향과 우울증이 밀접하게 연관된다는 사실을 입증했다. 특히 남성보다 여성이 '슬프거나 침울할 때 끊임없이 생각하는' 성향이 현저히 높은 것으로 나타났다. 놀렌 획세마는 "우울증에 영향을 미칠 수 있는 다른 요소와 비교해봤을 때, 너무 깊게 고민하는 성향이 확실히 가장 영향력이 컸습니다"라고 했다.

여자는 왜 이토록 고민하는 걸까? 왜 자신보다 타인을 먼저 생각하느라, 정작 자기 자신은 홀대하는 걸까? 어쩌면 이것은 어느 정도 학습된 성향인지도 모른다. 사실 과거 여성이 처한 상황은 정말이지 암담했다. 옛날부터 남성에게 여성은 '수상한' 존재였다. 프로이트도 "도대체 여성은 뭘 원하는 거지?"라며 혼란스러움을 토로했다. 남성은 꿰뚫어보기 어렵고 간혹 위협적으로 다가오기도 하는 여성이라는 특이한 존재가 도대체 무슨 생각을 하며, 무엇을 느끼는지 무척 궁금해했다. 이브에게 유혹당하고 속아서 금지된 사과를 베어먹고 함께 추방당한 아담의 비참한 이야기 때문인지, 남성은

여자들은 모든 것을 완벽하게, 모두가 만족할 수 있도록 실현시키고 싶어서 많은 생각과 고민을 하곤 한다. 사랑하는 사람과 자신이 원하는 모든 것을 위해서 말이다. 하지만 이렇게 골똘히 생각에 생각을 거듭하는 일은 위험하다. 다른 사람이나 자신의 문제, 그리고 미래에 대한 걱정으로 머릿속이 꽉 차면 새로운 것을 받아들일 여지가 없어진다. 자신에게 힘을 주는 무언가를 발전시킬 수 있는 '자유롭게 움직일 수 있는 공간'이 존재하지 않는 것이다.

여성을 쉽게 믿어도 될지 자문하곤 했다. "절대 믿어서는 안 돼. 절대로!" 여성을 그다지 좋아하지 않은 것으로 소문난 쇼펜하우어는 분명하고 격렬한 입장을 취했다. 그는 여성이 거짓말하고, 숨기고, 속이기 위해 태어났다고 보았다. 여성이 남성보다 신체적으로 약한 데다 덜 이성적이기 때문에 천성적으로 숨기는 기술을 타고났다는 주장이었다. 그는 이렇게 해서 남녀의 균형이 맞춰진다고 보았다. 니체도 한 저서에서 이와 비슷한 발언을 했다. "여성과 진실 사이에 연관성이라고 부를 만한 것이 있을까? 태초부터 여성에게 진실보다 낯설고, 부적당하며, 적대적인 것은 없었다. 여성의 위대한 재능은 거짓말이며, 최고의 관심사는 외모와 아름다움이다."

오스트리아 철학자 오토 바이닝거도 여성을 폄하했다. 그는 1903년 발간한 『성과 성격』에서 여성이 진실에 대해 무능력하다고 쓰며 "여성은 진실을 향한 자유의지가 결여되었기 때문에 거짓말을 한다. 여성과 대화해본 적이 있는 사람이라면 여성이 어떤 질문에 즉시 대답해야 하는 상황에 부닥쳤을 때 자신이 말하거나 한 일에 대해 즉흥적으로 임의적인 이유를 댄다는 사실을 알 것이다"라고 확신했다. 독일 신경과의사였던 파울 율리우스 뫼비우스도 1907년 저서 『여성의 생리학적 허약함』에서 심리학적 측면에서 봤을 때 전혀 의심할 여지가 없는 여성의 부정직함은 신체적 '특이사항' 탓이라고 묘사했다. 뫼비우스는 "여성의 경우 정신적 생활을 위해 매우 중요한 부분인 뇌의 전두엽과 관자놀이의 굴곡이 남성보다 덜 발달했는데 이 차이는 태어날 때부터 정해졌다는 사실이 입증되었다"고 썼다. 또한 이를 근거로 거짓말이 여성의 천부적이고 불가분한 무기가 될 수밖에 없다고 주장했다.

물론 오늘날 사람들은 쇼펜하우어와 니체, 바이닝거, 뫼비우스가 한 말을 비웃을 것이다. 그들이 말한 이런 능력은 타고난 약점도 아니며 멍청함이나 나쁜 성격에서 기인하는 것도 아니다. 오히려 여성이 특별히 영리하며 강하다는 사실을 보여주는 표시다. 과거에는 여성이 생존하려면 비밀과 거짓말이라는 중요한 전략이 필요했다. 당시 여성들에게는 성공에 다다를 뾰족한 수가 없었기 때문이다. 희망이나 욕구, 의지가 거의 받아들여지지 않는 사회에서 살았기에 이런 힘을 전략적으로 사용해야만 했다. 시인 에이드리언 리치는 "여성은 살아남기 위해 남성을 속이도록 강요받았다"고 썼다.

미국 작가이자 저널리스트인 레티 코틴 포그레빈은 "아는 것이 힘이라면 몰래 아는 것은 잠재적인 힘이다. 여성은 이런 힘을 자제하고, 변형시키고, 재산으로 이용할 수 있다. 전통적으로 명망 있는 직업과 공식적 권력을 행사하는 지위에서 제외된 여성은 감춰진 비밀 속에서 자신이 아는 유일한 형태의 힘을 발휘했다"고 서술했다. 과거 여성은 가부장적인 사회에서 남성의 보호에 의존해왔기에 실제로 생각하고 원하는 바를 감추고 그 대신 남성 사회의 규칙을 (겉으로 보기에) 받아들이라고 배웠다. 남편을 충실히 부양하고 그에 예속된 부인의 역할을 하면서 이를 통해 자유공간을 마련해왔던 것이다. 심리학자 해리엇 러너는 "한 여성이 남자를 만나 관계를 유지하려면 남성의 에고를 높이 치켜세워서 두 배로 보이게끔 해야 한다. 아무리 남자가 하는 이야기가 더이상 듣고 싶지 않을 정도로 따분해도 반짝거리는 눈을 크게 뜨고 귀기울여야 한다"고 이전 시대에 여성이 겪은 상황을 묘사했다.

버지니아 울프도 『자기만의 방』에서 여성이 받은 억압과 속임수의 전략에 대해 다루었다. 이 책은 한 여성이 남성을 예찬하고 그의 위대함을 확신하는 대신 솔직한 생각을 전달했을 때 어떤 일이 일어나는지 묘사했다. "여자가 남자에게 진실을 말하기 시작하면 그의 형상은 크기가 줄어들고 더불어 삶의 능력도 쪼그라든다. 남자가 아침과 저녁식사 때 자신의 모습이 실제보다 두 배가 되는 것을 보지 못한다면 어떻게 나중에 판단을 내리고, 야만인을 문명화하고, 법을 제정하고, 책을 쓰고, 자신을 치장하고 연회에서 연설할 수 있겠는가?" 당시 여성은 남성이 남성으로서의 능력을 잘 발휘하느냐에 자신의 안전이 달렸다는 사실을 알고 있었다. 그래서 대부분의 경우, 다른 생각이 있더라도 아무 의심 없이 남자를 뒤에서 밀어주었다. 이에 대해 러너는 "약한 성별(여성)은 강한 성별(남성)이 약한 성별의 힘을 깨닫지 못하도록 해야 한다. 그러지 않으면 강한 성별이 약한 성별의 힘에 의해 자신이 약해진다고 느낄 수 있기 때문이다"라고 설명한다.

과거 여성은 남성이 정한 규칙과 취약점을 고려해서 성에 제약을 가하는 요구에 복종했다. 여성이 자신의 성적 갈망을 드러내는 모습은 생각조차 할 수 없는 일이었다. 좋은 아내는 잠자리에서 다소 곳하게 행동해야 했다. 성적 욕망을 그대로 드러내면 남편이 혼란에 빠지고 급기야 사랑을 잃을 수도 있었다. 정숙한 여인이 되는 길에서 벗어나 남편 외에 다른 남성과 사랑에 빠졌을 때는 매서운 벌이 뒤따랐다. 작가 카타리나 로만은 "오늘날 문학에서조차 신체적으로나 정신적으로 피해를 보지 않고 외도나 다른 '정숙하지 못한' 행동을 이겨낸 여성 인물은 찾아보기 힘듭니다. 결혼관계를 파탄에 빠뜨린 여성은 충격에 이성을 잃은 남편의 손에 즉각 살해당하거나 죄의식과 수치심에 스스로 바다나 물속으로 뛰어들거나 평생 비참한 삶을 보냅니다"라고 썼다.

톨스토이는 『안나 카레니나』에서 안나 카레니나가 브론스키 백작과 불륜을 저질러 부부관계가 파탄나고 결국 기차에 몸을 던져 자살로 생을 마감하는 과정을 묘사했다. 폰타네의 소설 『에피 브리스트』의 주인공 에피 브리스트는 크람파스 소령과 사랑에 빠진다. 하지만 몇 년이 지난 후, 에피와 크람파스 사이에 오간 연애편지를 발견한 남편은 크람파스를 살해하고 아내를 내쫓는다. 에피는 괴로움에 병들어 죽는다. 플로베르의 소설 『보바리 부인』은 아내가 사랑과 열정에 목말라하다가 야위고 불행해져 결국에는 불륜에 빠져 독살되는 줄거리다. 문학작품에는 결혼생활에 만족 못하는 여성이 얌전하고, 예의바르며, 쾌락에 대해 무지하길 강요하는 '코르셋'을 벗어던질 경우, 어떤 벌을 받는지 무수히 많은 예가 나와 있다.

물론 이제는 시대가 바뀌었다. 만족스러운 성생활과 자신만의 삶을 추구할 여성의 권리는 더이상 부정할 수 없다. 서점에는 어떻게 하면 여성이 가장 만족할 수 있는지 조언하는 잡지가 수없이 나와 있다. 이런 잡지들은 여성이 즐길 줄 아는 존재라는 사실을 보여주는 사진들로 꾸며져 있다. 여성은 이제 공공장소나 광고 혹은 대중 매체에서 쾌감을 내보여도 된다. 하지만 개인의 삶으로 시선을 돌려보면, 여전히 달라지지 않은 면이 많다. 오랜 세월 성적으로 억압받았던 역사는 오늘날 여성의 삶에도 그 흔적을 남겼다. 아직도 성적 욕구를 드러내는 여성은 점잖지 못하고 남자를 '밝힌다'고 평가받는다. 그래서 현대 여성은 자신의 쾌락을 숨기고 고상하게 보이려는 경우가 많다. 그런데 이들이 더더욱 굳게 입을 다물 때는 성적 쾌감을 느끼지 못하는 때다.

상대방에게 자신이 원하는 것을 털어놓지 못하고 욕망에 대해 말하지 못하는 여성이 많다. 이들은 자신의 성생활이 맘에 드는 양 행동하며, 상대에게 상처를 입히지 않으려고 느끼지도 못하는 쾌감과 만족감을 억지로 느낀 척한다. 함부르크에 위치한 게비스 인스티투트Gewis-Institut는 『프로인딘Freundin(여자친구)』이라는 잡지의 의뢰로 설문조사를 실시한 적이 있다. 질문의 주요 내용은 침실에서 일어나는 일에 대한 것이었다. 여성 응답자의 3분의 1이 배우자와 섹스할 때보다 자위할 때 오르가슴을 더 많이 경험한다고 대답했다.

그리고 전체 여성의 51퍼센트에 이르는 사람이 배우자의 기분을 좋게 하려고 일부러 오르가슴에 도달한 것처럼 행동한다고 답하기도 했다. 전혀 만족하지 못했더라도 섹스를 하고 난 뒤 "너무 훌륭했어!" "날 이렇게 즐겁게 해준 남자는 한 명도 없었어" 같은 거짓말을 상냥하게 속삭이면서 말이다.

설문조사에서는 침대에서 일어나는 문제가 대화 부족에서 기인한다는 결과도 나왔다. 응답자 중 절반 이상(55퍼센트)이 배우자와 성적으로 무엇을 원하는지 대화를 나누면서 문제를 느꼈다는 것이다. 1990년대 초 에이드리언 리치는 많은 여성이 거짓말을 하도록 암묵적으로 강요받는다고 설명했다. "여성은 '남성이 무엇을 듣고 싶어하는지'에 따라 다르게 거짓말을 합니다. 빅토리아 시대의 남성은 아내가 관능적이지 않고 단순히 '거기 누워 있기를' 바랐습니다. 그리고 20세기에 와서 남성은 '자유로운' 여성이 오르가슴을 느낀다고 속삭이기를 바랍니다."

이 모든 것은 에피 브리스트가 살았던 시대 이래로 우리 삶에 별다른 변화가 없었다는 사실을 의미하는 것일까? 어쩌면 이렇게 단정짓는 것은 옳지 않을 수도 있다. 당연히 변한 것이 있기 때문이다. 하지만 대부분 은밀히 진행되었기 때문에 이러한 변화가 거의 눈에 띄지 않았을 뿐이다. 예전과는 다르게, 갈수록 점점 더 많은 여성이 자기에게 주어진, 미리 제시된 만족스럽지 못한 성생활을 가만히 두고 보려하지 않는다. 이들은 에피 브리스트나 안나 카레니나 혹은 보바리 부인처럼 자신을 만족시켜줄 삶을 갈구하지만, 문학작품에 나오는 주인공처럼 자신의 탐색이 재앙으로 끝나지 않도록 조치한다. 자신의 쾌락을 부정하는 대신 적극적으로 자신의 쾌락을 즐기려 하는 것이다.

또한 가족심리치료사 에번 임버 블랙은 다음의 예를 통해서 우리가 힘의 균형을 찾을 수 있는 다른 방법을 소개한다. 수년간 셀마 알렉산더는 남편 헨리에게 재산이 얼마나 되는지 알려달라고 졸랐다. 재정 상태를 공개하라는 그녀의 요구 때문에 자주 다툼이 벌어졌다. 하지만 남편은 매번 셀마의 부탁을 매몰차게 거절하면서 그것은 자신의 소관이며 자기가 잘 관리하는 동안에는 이를 세세히 알 필요가 없다고 말했다. 어느 날, 셀마는 남편에게 몇 주 동안 여행을 떠나겠다고 통보했다. 여행중 정기적으로 연락은 하겠지만 자기가 어디에 있는지는 정확히 말하지 않겠다고 알렸다. 셀마가 여행에서 돌아오자 남편은 아내에게 재정 상황을 설명하기 위해 세무사와 약속을 정했다. 셀마는 비밀에 싸인 여행을 통해 자신이 무력한 존재가 아니라는 점을 남편에게 보였다. 부부관계를 지배했던 남편에게 현재의 불리한 힘의 분배를 그대로 수긍하지 않을 것이며 동등한 위치에서 대접받기 위해 더이상 구걸하지 않겠노라 선언한 것이다. 또한 이는 남편의 자비심에 의존하지 않겠다는 의미이기도 했다.

에이드리언 리치는 "여성은 자신이 지닌 진실에 막 눈을 뜨기 시작했습니다"라고 언급한다. 이 진실이 아직 확실하지 않다고 느껴질 때는 밖으로 바로 알려서는 안 된다. 우선은 전략적인 이유에서 자신을 보호하기 위해 혼자만 이 진실을 알고 있어야 한다. 이렇게 함으로써 여성은 힘을 기르고 또다른 발전을 위해 필요한 자유공간을 찾을 수 있다.

◆ 비밀을 지닌 여성은 자기 자신에게 이르는 방법을 찾을 수 있다. 그리하여 다른 외부의 영향에 흔들리지 않고 비밀의 보호 속에서 자신과 다른 사람과의 관계, 자신의 목표와 갈망에 대해 생각할 수 있다.

◆ 비밀을 지닌 여성에게는 누군가 밀치고 들어오거나 부담을 주는 상황에서 적정한 거리를 유지하는 보호 기능을 갖춘 '외투'가 있다.

◆ 비밀을 지닌 여성은 시간적으로 여유가 있다. 이런 까닭에 일상에서 자리를 찾지 못하는 자신의 특별한 면을 살릴 수 있다.

◆ 비밀을 지닌 여성에게는 균형을 잃지 않도록 중요한 힘을 공급해주는 개인 충전소가 있다.

/

3장

사랑스러운 거짓말이 있는 반면, 사랑스럽지 않은 진실도 있다

:

거짓말과 비밀은 자매와 같다

:

저는 진실을 정말 사랑합니다.
우리에게는 진실이 필요하다고 믿습니다.
하지만 거짓말이 필요할 때가
분명 더 많을 겁니다.
우리에게 아첨하고, 위로를 주고
끝없이 희망을 주는 거짓이요.

– 아나톨 프랑스, 프랑스 소설가 겸 평론가

비밀이 있는 사람은 거짓말을 피하기 어렵다. 어떤 비밀은 입을 꾹 다무는 것만으로도 충분하지만, 거짓말을 통해서만 유지할 수 있는 비밀도 많다. 거짓말과 비밀은 자매와 같은 사이다. 거짓말을 연구하는 철학자 데이비드 니버그가 표현한 것처럼 거짓말과 비밀이라는 자매는 두 가지 다른 방식으로 자신의 임무를 때로는 적극적으로, 때로는 소극적으로 수행한다.

◆ 적극적인 거짓말이란 다른 사람이 잘못된 신념을 갖도록 부추기고 이를 진실로 여기게끔 호도하는 경우를 말한다("나는 절대 거짓말 안 해" "안네랑은 끝났어" 혹은 "사랑해").

◆ 소극적인 거짓말이란 다른 사람이 잘못된 생각을 하도록 (아내는 남편이 야근을 한다고 믿는다) 그냥 놔두는 경우를 말한

다(아내가 더이상 자세히 묻지 않으므로 남편은 따로 설명하지 않는다).

적극적이든 소극적이든, 거짓말은 거짓말이다. 이런 상황은 비밀을 품은 사람에게 커다란 부담을 주고 양심의 가책을 일으킨다. 우리는 진실은 좋고 따라야만 하는 것인 반면에 거짓은 나쁘고 비난받아야 마땅하다고 배워왔다.

'거짓말하지 말라'는 도덕적 계명(더 정확히 말하자면 '네 이웃에 대하여 거짓 증거하지 말라')이 이토록 널리 퍼진 것은 기독교의 가르침 때문만은 아니다. 많은 철학자도 이를 지지했는데 그중 아우구스티누스는 어떤 이유로도 거짓을 정당화할 수 없다고까지 말했다. 그는 거짓으로 다른 사람의 생명을 구할 수 있더라도 진실에 머물러야 한다고 경고했다. "거짓으로 영생을 실현할 수 있다고 해서 덧없는 삶을 구하려고 거짓말을 해서는 안 된다." 칸트도 진실함을 '반드시 지켜야 할 의무'라고 하면서 아우구스티누스와 비슷한 경우를 예로 들었다. 그는 "친구를 죽이려고 뒤쫓는 암살자가 내 집에 찾아와서 친구가 숨어 있는지 물었을 때는 거짓말을 해도 될까?"라는 질문에도 "안 된다"고 강조하면서 "거짓말이란 본인에게 저지르는 '범죄'라고 정언한다. 어느 상황에서도 이런 '범죄'를 정당화시킬수는 없다"는 것이 그의 주장이다. 친구의 생명이 진실 때문에 위험해질지라도 거짓은 안 된다. "피할 수 없는 말에 내포된 솔직함은 모든 것에 반대되는 인간에게 주어진 의무이다. 이런 솔직함 때문에 자신이나 다른 사람에게 불리한 점이 생길 수 있다."

몽테뉴는 『수상록』에서 거짓말에 반대하는 입장을 분명히 밝혔다. "거짓말은 비열한 악덕이다. 옛사람은 이를 파렴치한 행위로 여겨서, 거짓은 신을 경시하고 동시에 인간을 두려워하는 증거라고 말했다. 이런 죄악은 얼마나 저열하고 극악하며 부도덕한 짓인가. 인간에게 비겁하게 굴고 신을 기만하는 것보다 더 졸렬한 짓은 있을 수 없다." 몽테뉴는 계속해서 "거짓말의 엄중함과 그 무서운 결과를 잘 안다면 우리는 다른 범죄보다도 거짓을 말한 이들을 화형에 처해야 한다"라고 썼다.

거짓말을 대하는 철학자와 기독교 교회의 태도는 우리에게 많은 영향을 끼쳤다. 하지만 종교와 철학에서 가르치는 것처럼 거짓말은 정말 저주받아 마땅한가? 거짓말을 해서는 안 되는 이유는 무엇일까? 거짓말이 거기에 속은 사람의 삶을 제한하기 때문일까? 어떤 일이 거짓임을 알게 되면 감정이 상하고 상처받기 때문일까? 거짓이 밝혀지면 우리가 가졌던 믿음이 사라질까 두려워서인가? 아니면 '거짓말은 오래 못 간다' 혹은 이탈리아 속담에서처럼 단순히 '한 번 거짓말을 하면 스무 번이나 다른 거짓말을 해야 한다'고 해서일까?

네가 누군지 벌써 알아.

허튼짓 그만해!

코가 점점 길어질 거야.

언제 자라는 게 멈출까?

모든 일이 그렇지.

거짓말하고 만날 속이면,

계속 거짓말하면, 꼬마야,

코가 하늘까지 길어질 거야.

거짓말하면 코가 길어진다. 수세대에 걸쳐 아이들은 착한 요정이 나무 인형 피노키오에게 하는 이런 경고를 듣고 자랐다. 착한 사람은 거짓말을 하지 않는다는 규칙이 아이들의 머릿속에 새겨졌다. 미국에서는 아이들의 도덕 교육을 위해 조지 워싱턴의 일화를 들려준다. 그가 어린 시절 작은 도끼로 예쁜 벚나무 한 그루를 함부로 베어버린 일에 대한 이야기다. 여기에 대해서는 여러 설이 있는데 그중 하나를 소개해보자.

"조지, 누가 정원에 있는 조그마한 예쁜 벚나무를 죽였는지 아니?"라고 아빠가 물었다. 대답하기 어려운 질문이었다. 조지는 부담스러운 나머지 어지러웠지만, 재빨리 정신을 가다듬었다. 어린 조지는 사랑스러운 얼굴로 아빠를 바라보았다. 그러고는 모든 것을 극복할 수 있을 것 같은 진실한 표정으로 용감하게 말했다. "아빠, 제가 거짓말 못하는 거 잘 아시지요? 제가 손도끼로 나무를 베었어요." 그러자 아빠는 감동하며 "아빠에게 오렴, 조지야"라고 말했다. "조지, 너도 알다시피 아빠는 그 나무를 좋아했지만, 그래도 지금 이 순간 정말 기쁘단다. 네가 수천 배나 더 훌륭한 일을 했으니까. 설사 그 나무가 은으로 된 꽃을 피우고 금으로 된 열매를 맺는다 해도 아빠는 너의 그 용기 있는 진실함이 더 값지다고 생각한단다. 그런 나무가 수천 그루라고 해도 마찬가지야."

철학자 데이비드 니버그에 의하면 조지 워싱턴의 일화는 아이에게 진실만을 말해야 한다고 교육하기 위해 꾸며낸 이야기다. "수백 년 동안 미국 어린이들이 진실의 가치를 거짓말을 통해 배운 셈입니다." 요컨대 워싱턴의 일화가 주는 진짜 교훈은 이것이다. '인간이 옳다고 생각해서 하는 일이 항상 진실한 것은 아니며 이런 거짓말이 나쁜 것도 아니다.' 이렇듯 허구와 진실을 흑백논리에 따라 구분하는 것은 옳지 않다. 거짓말을 신랄히 비판하는 몽테뉴조차 거짓말이 정당화될 만한 상황이 있다고 인정했다. "치명적인 위험 상황에 처했을 때 거짓말을 해서 나를 구할 수 있다면 이 유혹을 이겨낼 힘이 내게 있을지 확신이 서지 않는다."

'치명적인 위험 상황'이 아닌 그보다 덜 극적인 상황에서도 거짓말이 '나쁘고' 진실이 언제나 '옳다'고 판단하기란 쉽지 않다. 시인

랠프 월도 에머슨이 표현한 것처럼 "진실이 아름답다는 것은 의심할 여지가 없다. 하지만 거짓말도 마찬가지다". 콘스탄티노플 대주교였던 요하네스 크리소스토무스도 에머슨보다 훨씬 이전에 이 의견에 동의했다. 그는 거짓말을 저주하는 사람의 편에 서지 않았으며, 그보다는 왜 우리가 거짓말을 하는지 밝혀야 한다고 생각했다. 거짓말을 한 이유를 알고 난 다음에야 도덕적으로 비난받아 마땅한지 아닌지를 따질 수 있다고 했다. 크리소스토무스에 의하면 이때 거짓말을 입증할 책임은 거짓말을 한 사람이 아니라 그를 비난한 사람이 져야 한다. 즉 비난한 사람이 직접 이 거짓말이 나쁜 동기에서 시작되었는지 증명해야 한다고 봤다.

그의 말을 종합해보자면, 거짓말 자체는 나쁘지도 좋지도 않은 중립적인 것이다. 누군가 다른 사람에게 의도적으로 해를 입히려 하거나 자신의 이익만을 챙기려고 거짓말을 했다면 이는 도덕적으로 비난받을 수 있다. 하지만 사생활을 보호하고, 다른 사람에게 상처를 주지 않고, 예의를 지키려는 좋은 동기에서 혹은 체벌이나 굴욕에 대한 두려움에서 거짓말을 했다면 그를 나쁜 사람으로, 부도덕한 사람으로 무조건 몰아세울 수는 없다.

철학자 마르쿠제는 여기서 더 나아가 어떤 거짓말은 진실보다 더 인간적이며 도덕적이라는 색다른 견해를 보여준다. "사랑스러운 거짓말이 있는 반면에 사랑스럽지 않은 진실이 있다. 야만적인 습관에 지나지 않는 솔직함이 있는 반면, 인간미를 지닌 거짓말도 많다."

즉, 우리가 앞으로 이야기할 거짓말은 '사랑스럽지 않은 진실'에 맞서는 '사랑스러운 거짓말'에 관한 것이다.

언젠가 내가 거짓말을 한다면,
이는 사랑 때문이다

다른 사람을 냉혹한 진실에서 보호하려고 거짓말을 했다면 전혀 비난받을 이유가 없다. 우리는 거짓말하는 사람에게 손가락질하기 전에 왜 거짓말을 했는지, 거짓말한 사람의 의도와 동기를 정확히 짚어야 한다. '울라' 역시 노모에게 거짓말을 했지만, 거기엔 그럴 만한 이유가 있었다.

엄마는 수년 전부터 요양원에 계세요. 올해 여든여덟이신데다 많이 쇠약해지셨지요. 이런 분에게 어떻게 언니네 아들 토비아스가 자살했다고 말씀드릴 수 있겠어요. 도저히 말을 못하겠더라고요. 사실대로 말하려면 우선 토비아스가 심한 우울증 때문에 입원 치료를 받았다는 얘기부터 꺼내야 했을 거예요. 결국 우울증으로 병원 4층에서 몸을 던졌다고요. 다행히 깊은 슬픔 속에서도 이성을 잃지 않은 언니도 저와 같은 생각이었어요. 그래서 우리는 엄마에게 토비아스가 자살했다는 이야기를 꺼내지 않기로 결정했습니다.

울라는 사랑과 근심 때문에 거짓말을 했다. 연로한 엄마에게 쓸데없는 걱정거리를 안겨주고 싶지 않았던 것이다. 니체는 "언젠가 내가 거짓말을 한다면 이는 사랑 때문이다"라고 했다. 또한 캅카스의 속담에 '진실을 말하는 사람은 상대에게 부담을 준다'라는 말도 있다. 누군가 진실을 견뎌내지 못하리란 것을 알거나 그럴 것 같다고 추측된다면 거짓말을 하는 편이 더 나을 수도 있다.

나는 그에게 항상 진실만을 말할 것을 맹세해달라고 했지.
그 어떤 말에도 그를 절대 원망하지 않겠다고 약속도 했지.
아무리 참을 수 없고, 아프고, 잔인하더라도 상관없어.
그렇다고 내 말을 그대로 믿다니. 어쩜 그럴 수 있지?

작가 주디스 비오스트는 「오직 진실만을」이라는 시에서 많은 사람이 겪는 딜레마를 묘사했다. 사람들은 진실을 알고 싶어한다. 하지만 자신이 진실을 감당할 수 있을지는 고려치 않는다. 사랑하는 사람들은 푸르른 하늘만 약속하는 것이 아니다. 이들은 영원한 사랑 외에도 영원한 진실을 약속하는 경우가 많다. 하지만 정말 상대가 진실만 말해주길 기대할까? 자신도 언제나 진실하다고 자신할수 있을까?

자신에게 정직하고 싶은 사람은, 항상 진실만 말하고 싶은 것은 아니며 실제로도 진실만 말하지는 않는다는 사실을 인정해야 한다. '모르면 궁금하지도 않다'라는 현명한 속담이 있다. 때로는 무엇인가를 아는 바람에 잠도 제대로 못 이루는 경우가 있기 때문이다. '엘케'는 이런 고통스러운 일을 경험해야 했다.

저는 남자친구와 사귀기 시작했을 때 절대로 거짓말하지 말자는 약속을 했어요. 서로에게 언제나 솔직하고 싶었거든요. 그런데 몇 년이 지나고 우리 사이에 위기가 찾아왔어요. 남자친구와의 잠자리에 흥미가 사라진 거죠. 그래서 처음 약속했던 것처럼 이 사실을 남자친구에게 솔직하게 말했지요. 그는 솔직하게 말해줘서 고맙다고, 제가 싫어하는 것을 이해하고 받아들이겠다더군요.

그러던 어느 날 남자친구가 대화를 나누자고 했어요. 자기가 광고를 하나 냈다는 말을 하더군요. 남자친구는 섹스가 하고 싶어서 제가 거부한 일을 대신 해줄 수 있는 여자를 찾고 있다고 했어요. 저보고 걱정하지 말라고 자기는 저와 헤어질 생각이 절대 없다고 하면서요. 이런 말을 듣자 마치 머리를 한 대 맞은 것 같았어요. 게다가 이게 끝이 아니었어요. 나중에 남자친구는 저를 너무 사랑한 나머지 광고를 보고 찾아온 여자 중 누구하고도 잘 수 없다고 털어놓았어요. 하지만 저는 모든 것이 끝났다는 느낌이었어요. 남자친구가 이 정도로까지 솔직하지 않았더라면 좋았을 텐데 싶더군요. 차라리 광고 얘기는 꺼내지 않았더라면 좋았을 텐데. 저는 이제 남자친구가 또다시 같은 일을 할까봐 항상 두려워요. 물론 제가 솔직히 말한 것도 후회되고요. 그와 더이상 자기 싫다고 솔직히 말할 필요가 있었을까요? 왜 잠자리에 흥미를 잃었는지 혼자 좀더 고민했어야 하는 것은 아니었을까요?

사회심리학자 클라우스 피들러와 야네테 슈미트는 거짓말에 대해 집중적으로 연구한 적이 있다. 이들은 진실에 저촉되는 거짓말이 사회적으로 용인되며 타인을 보호하고 배려하는 데 기여한다는 점을 '주목할 만하다'고 여겼다. 실제로 모든 일에 솔직하게 반응하는 것은 문화 규범과 일치하지 않으며 '진실을 적당히 다룰 줄 아는 것'을 사회화에서는 중요한 목표로 삼는다.

독일 일간지 쥐트도이체 차이퉁에서 발행하는 잡지에는 윤리와 관련된 질문에 답변해주는 정기 코너가 있다. 이를 담당하는 출판인이자 철학자인 라이너 애를링어는 보통 '언제나 거짓말에 반대'하는 입장이다. 하지만 그 역시 특정 상황에서 발생한 거짓말의 경우 긍정하지 않을 수 없다. 예컨대 한 여성 독자가 다음과 같은 글을 기고한 일이 있었다. "얼마 전 친한 친구의 결혼식에 초대된 적이 있습니다. 파티가 진행되는 내내 전혀 유쾌하지 않았습니다. 분위기는 싸늘했고, 음식도 충분히 마련되지 않았으며, 사람들과 대화를 나누기도 영 힘들고, 장소도 서먹했습니다. 저만 이렇게 느낀 게 아니었어요. 일찍 자리를 떠난 친구가 꽤 있었거든요. 갓 결혼식을 마친 친구 부부만 파티에 완전히 감격하면서 며칠이 지나서도 행복에 들떠 파티 이야기를 해댔습니다. 그러다가 저보고 같은 의견이냐고 묻더군요. 저는 두 사람에게 상처를 주지 않으려고 솔직히 생각을 밝히는 대신 긍정적으로 답했습니다. 제가 올바르게 행동한 것일까요?"

라이너 애를링어는 질문한 여성이 옳다고 인정해야 했다. 쉽지는 않았겠지만 이때 애를링어는 "수많은 인용문과 거창한 이름을 대면서 당신이 한 거짓말을 논리적으로 엄격하게 결론짓고 비난하는 일은 의미가 없습니다"라고 평가했다. "정직함은 매우 가치 있는 덕목이지만 유일하게 가치 있는 덕목은 아닙니다. 이 계명 외에도 타인에게 상처를 주지 말라는 계명도 있는데 제 의견으로 당신의 사례에서는 후자의 계명이 더 중요하다고 생각합니다."

주먹으로 자신을 지킬 힘이 충분하지 않은 사람이라도

거짓말로 도망칠 수 있을 만큼의 힘은 있다

시인 빌헬름 부슈는 "훌륭한 사람은 가끔 거짓말을 해야 한다. 심지어 때로는 즐기면서 해야 한다"고 했다. 그는 거짓말이 매우 정상적인 행동이라는 사실을 알았다. 흥미로운 사실은 사람만 거짓말을 하는 게 아니라는 점이다. 생물학적으로 매우 단순한 생명체도 적을 속이기 위해 정체를 바꿀 수 있는 능력을 지녔다. 작가 제레미 캠벨은 "오늘날 생존하는 종 가운데는 진실에 충실했더라면 이미 오래전에 멸종했을 생물도 있습니다. 속임수는 진화의 한 부분입니다. 예컨대, 서양란은 암컷 곤충 모양과 유사해서 수컷 곤충을 유혹해 마비시킵니다. 수컷 딱새는 짝짓기를 한 암컷 딱새를 숨기고 총각 행세를 함으로써 아무것도 모르는 다른 암컷을 유혹해 또 짝짓기를 합니다. 열대에 사는 물고기 베도라치는 청소하는 물고기 코리도라스로 변장해서 다른 물고기의 신뢰를 삽니다. 이 물고기가 성가신 기생충을 없애주는 구세주로 호감을 받기 때문이지요. 또다른 둥지에 몰래 자리잡은 뻐꾸기 알은 다른 알들과 점점 비슷해져갑니다"라고 설명한다.

원숭이 역시 속임수를 써서 서로 이해한다. 원숭이는 무관심한 척 행동하기도 하고, 다른 원숭이를 의도적으로 속이거나, 중립적으로 행동해서 오해하게 만드는 등 다양한 방법으로 상대를 속일 수 있다. 한 연구에서는 여우원숭이가 다른 원숭이를 속일 수 있으며 인지능력 면에서 침팬지, 인간과 놀라울 정도로 닮은 점이 많다는 사실을 입증했다. 스코틀랜드의 세인트 앤드루스 대학교에 재직 중인 유인원 연구자 에밀리 젠티는 여우원숭이 세 마리에게 거꾸로 놓인 두 개의 커피잔 중에서 건포도가 숨겨진 잔을 손가락으로 가리켜 맞추는 법을 가르쳐주었다. 젠티는 원숭이가 보는 앞에서 건포도를 컵 아래에 숨겼고 원숭이가 이 커피잔을 찾을 때까지 계속 훈련시켰다. 원숭이가 80퍼센트 확률로 맞출 수 있게 되자 두번째 연구자가 교대로 실험을 계속했다. 흰 가운을 입은 두번째 연구자는 원숭이가 있는 곳으로 상냥하게 다가가 건포도가 숨겨진 커피잔 뒤에 가서 섰다. 그러고는 여우원숭이가 손가락으로 커피잔을 가리키기를 기다렸다. 진행자는 원숭이가 건포도가 있는 컵을 제대로 맞추면 상으로 건포도를 줬고 틀렸을 때는 건포도를 가져갔다.

세번째 변형된 형태의 실험에서는 상냥한 연구원 대신 사나운 연구자가 들어왔다. 이 사람은 어두운 색 옷을 입고 선글라스를 끼고 모자를 썼다. 여우원숭이가 건포도가 있는 컵을 맞추면 이 연구자는 자기가 건포도를 먹을 것처럼 행동했다. 이런 행동을 보자 여우원숭이 중 한 마리는 화를 내고 거칠게 행동하면서 건포도가 들어 있지 않은 커피잔을 가리켰다. 두번째 원숭이는 어떤 커피잔도 가리키지 않았다. 세번째 원숭이는 연구자를 완전히 무시하고 땅바닥만 보면서 더이상 실험에 참여하지 않았다. 하지만 상냥한 연구자가 다시 실험을 넘겨받자 세 마리 여우원숭이는 모두 건포도가 든 커피잔을 제대로 맞추었다. 이로써 에밀리 젠티와 동료들은 비록 실험에 참여한 동물의 수가 적긴 했지만, 여우원숭이가 속임수 전략을 쓴다는 사실을 분명히 관찰할 수 있었다.

고양이도 오래전부터 여우원숭이처럼 속임수를 써왔다. 자립적인 동물인 고양이를 좋아하는 사람이라면 누구나 잘 아는 속임수다. 바로 주인이 소파에서 일어나서 자기가 나갈 수 있게 문을 열어 줄 때까지 문 앞에서 야옹거리는 것이다. 하지만 고양이가 원하는 것은 밖으로 나가는 것이 아니다. 고양이는 밖으로 나갈 생각이 전혀 없다. 대신 주인이 앉아 있다 일어난 따뜻한 소파로 쏜살같이 달려간다. 즉 고양이는 밖으로 나가고 싶어서가 아니라 안락한 소파를 차지하고 싶어서 속임수를 쓴 것이다.

작가 제레미 캠벨은 자연에서 속임수와 거짓을 관찰할 수 있다는 사실을 통해 "속임수는 진화를 거듭하면서 터득한 생존법이므로 인간이 이를 피할 방법은 없다"고 결론지었다. 이처럼 동물과 식물의 세계에서 속임수는 생존을 위한 목적으로 이용된다. 그리고 호모 사피엔스가 속임수를 쓰거나 거짓말을 하는 것은 목숨을 다투는 생존의 문제가 아니더라도 사회적 생존의 문제가 걸려 있기 때문이다. 우리는 가끔 거대한 권력과 억압에 대항하고, 무기력해지지 않기 위해 거짓말의 힘을 빌려야만 한다. 이 경우 거짓말은 커다란 지배와 권력에 맞서 자신을 보호하려는 약자에게 힘을 준다.

철학자 마르쿠제는 사회적 약자에 속하는 사람에게 거짓말이 얼마나 중요한지에 대해 '억압은 거짓말의 아버지'라고 묘사했다. 사회적 지위가 낮아 별다른 무기가 없는 사람은 방어수단으로 거짓말을 이용하고, 이 뒷문을 통해 억압받는 위치에서 벗어날 수 있다. "주먹으로 자신을 지킬 힘이 충분하지 않은 사람이라도 거짓말로 도망칠 수 있을 만큼의 힘은 있다. 거짓말은 무장하지 못한 사람의 수호자다." 마르쿠제는 거짓과 속임수가 폭력으로 작용할 위험성이 있다고 인정하면서도 거짓말을 할 수밖에 없는 상황 역시 인정한다. "거짓말은 폭력이 될 수도 있다. 하지만 더 높은 단계에서는 반대로 거짓말이 폭력에서 우리를 해방시킨다." 마르쿠제는 "거짓말로 인해 자유가 점차 줄어드는 것이 아니라, 반대로 늘어나는 경우가 많다"고 덧붙였다. 그는 비밀을 만드는 것이 불의에 맞선 저항의 중요한 방법론이라 보았다.

무언가를 숨길 수 있는 사람은 다른 사람이 자기에 대해 어떤 점은 알아도 되며, 어떤 점은 알면 안 되는지 결정할 힘을 갖는다. 그러나 경찰국가에 사는 국민처럼 이런 일이 불가능한 사람에게는 그럴 권한이 없다. 오히려 비밀을 제대로 지키지 못하면 권력의 추적을 당하기도 한다. 작가 파스칼 메르시어는 소설 『리스본행 야간열차』에서 독재체제에서는 '거짓말을 잘하는지 아닌지'에 생사가 달렸다고 적었다. 비밀을 만들 수 없는 사람은 보호받지 못하며 사는 셈이다.

비단 경찰국가뿐만 아니라 민주주의 사회에서도 비밀을 만드는 일이 저항의 표시이며 자기존속에 이익을 준다. 한 예로 여성 보호시설 '여성의 집'이 있다. 여성의 집은 여기 머무는 여성들을 보호하기 위해 주소를 공개하지 않는다. 따라서 폭력 남편은 아내가 어디에 머무는지 모른다. 여성은 이런 식으로 보호를 받으며 안정된 상태로 자신의 미래를 어떻게 그려나가야 할지 생각할 수 있다. 남편에게 폭력을 당한 여성 외에도 비밀이 제공하는 보호를 받아야 하는 대상은 많다. 다른 사례에서도 약자의 위치에 있는 사람이 권력을 쥔 사람을 상대로 침묵한 채 자신의 입장을 주장하는 일이 얼마나 중요한지를 쉽게 볼 수 있다. 2002년 독일 DPA통신에 의해 이와 관련된 기사가 널리 알려진 적이 있다.

"임산부는 면접시 임신 여부에 대해 질문을 받을 경우 거짓말을 해도 된다. 유럽연합법원의 판결에 의하면 응시한 직업이 산모와 태아의 건강에 해로울 수 있다고 판단되면 임신부는 '거짓말할 권리'를 행사할 수 있다. 이에 바이에른주의 전 가족부 장관 크리스타 슈테벤스는 판결을 비판하며 임신했는지 아닌지 질문하는 일 자체가 금지되어야 하며 이것은 성차별이라고 주장했다. 여성이 직장에서 남성 응시자와 동등한 기회를 보장받으려면 여성이 거짓말을 할 수밖에 없는 질문을 해서는 안 되며 응시자를 채용한 후 고용주가 임신 사실을 알게 되더라도 계약은 파기될 수 없다는 것이다."

거짓말과 비밀은 약한 자와 무력한 사람에게 동등한 기회와 권리, 자유를 제공하기 위해 존재할 수 있다. 별다른 무기가 없는 이들에게 거짓말과 비밀은 무기가 되어 삶을 지켜주고 자유에 대한 권리를 행사하게끔 해주기도 하는 것이다.

밖으로 보이는 얼굴이 모두
완벽한 진실은 아니다

거짓말은 막강한 권력이 조여오는 상황에서 약자를 보호해주고, 공적인 자리에서 보여줘야 한다고 믿는 모습으로 자신을 나타낼 수 있도록 자유를 주기도 한다. 다른 사람에게 좋은 인상을 주고, 이들과의 조화를 깨지 않고, 달갑지 않은 간섭에서 자신을 보호하려면 우리는 남에게 어떤 모습을 보이고 어떤 인상을 남길지 스스로 결정할 수 있어야 한다. 자신의 성격, 지향, 기호, 관심 전부를 다른 사람에게 보여줄 필요는 없다. 그중 어떤 것은 자기방어를 위해 숨기는 게 현명할 수도 있다. 만약 드러날 경우, 자신의 위신이 순식간에 땅으로 떨어질 수도 있기 때문이다. 타인이 나에 대해 100퍼센트 알고 있다면 혼란과 마찰이 걷잡을 수 없이 일어날 것이다.

사람들에게는 규범이나 일반적 기대와 일치하지 않는 자신만의 영역이 있다. 겉으로 보이는 얼굴이 모두 완벽한 진실은 아니다. 우리 삶에는 선택된 몇몇만 알거나 혹은 아무도 모르는 색다른 구석이 존재한다. 이런 비밀스러운 영역을 가질 권리를 보장하는 것이 바로 거짓말이다. 모든 사람이 완벽하고, 빠진 곳 하나 없이 절대적으로 솔직한 정보를 주고받는 게 아니다. 무언가를 공개하는 데는 분명 한계가 있다. 내면 깊은 곳에 자리한 핵심은 위협받지 않아야 한다. 누군가 내면의 핵심에 너무 가까이 다가오면 우리는 "너와는 상관없어" 혹은 "너와 이 문제에 대해 이야기하고 싶지 않아"라고 말하거나 상냥하고, 사회적으로 좀더 원만한 방법으로 즉, 거짓말로 대처하는 방법 사이에서 선택할 수 있다.

철학자 데이비드 니버그는 '다른 사람과 살아가는 인간 공동체에서 건전하고, 유용하게 공존하려면 속임수는 불가피하다'고 단호히 주장한다. 모든 사람에게 언제나 진실을 말해야 한다고 의무를 지우는 도덕적 계명은 존재하지 않는다. 니버그는 "속임수는 우리 인간의 본성에 속합니다. 한발 더 나아가 속이는 행동을 의도적으로 회피하는 쪽이 때로는 불건전하고 비도덕적입니다"라고 전한다.

누구나 궁금한 것을 물어볼 수 있지만,
답을 들을 권리가 있는 것은 아니다

진실만 고집하고 사는 것은 절대 만만하지 않다. 니체는 거짓말이 없다면 '반감이 드는 진실'에 아무런 보호 없이 노출된다고 했다. 거짓말은 다른 사람과 적정 거리를 유지하고 모든 종류의 치근거림에서 자신을 보호하는 데 도움을 준다.

원래대로라면 매우 엄격한 철학자 쇼펜하우어마저 우리와 다른 사람과의 사이에 울타리를 치는 일이라면 '거짓말을 해도 될 권리'가 있다고 찬성한다. 쇼펜하우어는 "다른 사람이 어떤 사실을 알아내고 내가 무방비로 공격에 노출된다면 이때 거짓말을 해도 된다. 이런 거짓말을 할 권리는 나의 개인적 일 혹은 직업에 아무런 권한도 없으면서 주제넘은 질문을 해대는 모든 경우에 해당한다. 여기에 답하거나 간단히 '말하고 싶지 않아'라고 거절하면 다른 사람의 의심을 사고, 이로 말미암아 나는 위험에 빠질 수 있다. 이때 거짓말은 호기심을 잔뜩 품고 너무 가깝게 접근하는 권한 없는 사람에게 대항할 비상 무기가 된다. 마치 밤에 누군가 불법으로 주거에 침입하려 할 때 사나운 개를 푸는 것처럼 우리는 거짓의 도움을 받아 단지 궁금하다는 이유로 아무 권한도 없이 가까이 다가오는 사람에게서 자신을 보호할 수 있다"고 했다.

쇼펜하우어가 '다른 사람의 공격에 자신이 무방비로 노출되는 경우'로만 한정지어 거짓말할 권리를 주장했다면, 철학자 크리스티안 토마지우스는 한 단계 더 나아간다. 거짓말은 그저 '다른 사람이 진실을 알 권리가 없는 경우'에도 허용된다고 본다. 토마지우스는 이로써 진실을 말해야 하는 의무 이전에 이에 대해 결정할 수 있는 권리를 뚜렷하게 내세운다. 다시 말해, 누구나 자기가 원하는 것을 누구에게나 물어볼 수는 있지만 그에게 답을 들을 권리가 없다면 우리는 진실을 가르쳐줄 의무가 없다.

가령 "지금 무슨 생각해?"라고 묻는 연인에게 "아무것도" 혹은 "별것 아니야"라고 답했다면 상대방의 알 권리를 해치는 걸까? 당연히 아니다. 질문을 받은 사람은 자신의 생각을 혼자만 지닐 권리가 있다. 이것이 물어본 사람에게 해가 되거나 모욕을 주는지에 상관없이 말이다. 질문을 받은 사람은 호기심에 물어본 사람에게서

겉으로 보이는 얼굴이 모두 완벽한 진실은 아니다. 우리 삶에는 선택된 몇몇만 알거나 때로는 아무도 모르는 다른 구석이 존재한다. 무언가를 공개하는 데는 분명 한계가 있다. 내면 깊은 곳에 자리한 핵심은 위협받지 않아야 한다는 것이다. 누군가 내면의 핵심에 너무 가까이 다가오면 우리는 "너와는 상관없어" 혹은 "너와 이 문제에 대해 이야기하고 싶지 않아"라고 말하거나 상냥하고, 사회적으로 좀더 원만한 방법으로 즉, 거짓말로 대처하는 방법 사이에서 선택할 수 있다.

자신의 진실이나 자신을 지키고 싶은 마음에 이렇게 대답했을 뿐이다. 만약 "너한테는 말 안 해" 혹은 "너랑은 상관없잖아"라고 대답한다면 상대방의 의심을 사서 다른 질문만 계속 받게 될 것이다. "어젯밤에 무슨 꿈꿨어?"라고 물어본 사람이 우리가 무슨 꿈을 꿨는지 알 권리가 있을까? 밤새 우리 머릿속에서 무슨 일이 일어났든 그 사람이 알 바가 아니다.

평상시보다 늦게 집에 돌아온 남편은 아내에게 무조건 진실을 털어놓아야 할까? 회의가 생각했던 것보다 늦게 끝났다고 우기면서 거짓말을 해도 될까? 술집에 잠깐 들렀다거나 자동차 대리점에 들러 애호하는 브랜드의 신제품에 대해 듣고 왔다고 말하면 문제가 일어날 것 같아서("그래서 저녁을 해놓고 기다리게 했어요?") 혹은 아내가 이해를 못 할 것 같으면("도대체 자동차 가격은 왜 물어봐요? 우리 형편에 못 산다는 걸 뻔히 알면서") 여기에 대해 침묵해도 된다. "당신, 나에게 항상 솔직할 수 있지?"라는 남편의 질문에 아내가 사실은 그렇지 않은데 "그럼요"라고 답한다면 아내는 남편의 알 권리를 해치는 것일까?

드러난 사실만으로 거짓말을 부도덕하다고 비난하기에는 무리가 따른다. 비밀과 마찬가지로 거짓말에도 유익한 거짓말과 해로운 거짓말이 있다. 그러므로 자신이나 다른 사람을 '거짓말쟁이'라고 결론 내기 전에 그 거짓말이 어떤 얼굴을 하고 있는지 잘 살펴야 한다. 마르쿠제는 "거짓말의 가치나 무익함이 어디에 있는가?"라는 질문을 던지고 다음과 같은 비교를 통해 답을 제시한다.

"망치의 가치는 도대체 어디에 있을까? 우리는 망치로 못을 박아 지도를 벽에 걸 수도 있고, 망치로 누군가의 머리를 때릴 수도 있다. 거짓말로 나이든 여자에게 기분 좋은 환상을 갖게 할 수도 있지만 같은 거짓말로 어린 소녀의 기분을 망칠 수도 있다. 거짓말은 여러모로 유용한 도구다. 거짓말은 억압의 산물이며 어느 쪽으로든 사용 가능하다. 폭력을 행사하기 위한 거짓말은 비윤리적이고, 폭력에 반대하기 위한 거짓말은 도덕적이라고 한다면 이를 판단하기 위해 모든 구체적인 경우에 적용할 수 있는 기준이 있어야 한다." 이때 '폭력'이 항상 물리적 폭력을 의미하는 것은 아니다. 개인 공간을 함부로 침범하는 것도 폭력이다. 또한 무슨 일이 있어도 반드시 진실만을 말해야 한다거나 진실이 어떤 결과를 가져오든 상관없다고 여기는 것도 폭력이다.

가끔은 좋은 의도로 진실을 알리지 않는 경우가 있다. 진실로 인해 다른 사람이 쓸데없이 상처를 입거나, 상대에게 진실을 알릴 이유가 없다고 판단하는 경우가 그런 때다. 배려에서 나온 거짓말, 자기 존속과 보존을 위한 거짓말은 필요불가결하며 심지어 유익하다. 단, 다른 사람의 알 권리를 해치면서 동시에 본인의 발전도 막는다면 이는 단적으로 해로운 거짓말이다.

4장

누구에게나 들키고 싶지 않은
'마음의 민낯'이 있다

:

비밀을 지키고 싶은 사람 혹은
비밀을 털어놓고 싶은 사람을 위한 안내

:

비밀을 지킬 수 있는 최선의 방법은
다른 사람의 도움을 받지 않는 것이다.

– 독일 속담

"최면을 걸어 억지로 비밀을 끄집어내는 일보다 사람들이 직접 말하고 보여주는 것을 통해 비밀을 알아내는 일이 훨씬 어렵다. 그러나 귀와 눈이 있는 사람이라면 죽어가는 사람이 비밀을 숨길 수 없다는 것을 확실히 안다. 입술을 움직여 말하지 못하는 사람은 손끝으로라도 비밀을 알리려 안간힘을 쓴다. 숨구멍조차 비밀을 전하려 애쓴다."

프로이트는 우리가 비밀을 온전히 홀로 품고 있을 수 없다고 확신했다. 그의 주장에 따르면 우리는 이런저런 방법으로 어떻게 해서든 비밀을 알린다. 공적인 삶 외의 숨겨진 두번째 삶을 열렬히 지지했던 게오르크 지멜도 다른 사람의 호기심으로부터 오랫동안 비밀을 지키는 일이 정말 가능한지 의심했다. "사람은 자신의 비밀스러운 생각과 상태를 셀 수 없을 정도로 자주 누설한다. 비밀을 지키려고 극단적으로 노력하는데도 누설되는 게 아니라, 지키려고 노력하기 때문에 누설되고 만다."

벼룩으로 가득한 자루를 단속하는 일보다 비밀을 마음속에 담아두는 일이 더 힘들며 각별한 주의가 필요하다. 이전에 한 번이라도 비밀을 감추려고 했거나 감추어야 했던 사람은 비밀을 지키는 일이 얼마나 힘든지 알 것이다. 항상 똑바로 정신차리고 있어야 하고, 입을 잘못 놀려도 안 되고, 침묵할 줄 알아야 하며, 기억력이 좋아야 하고, 무엇보다 비밀 때문에 생기는 고독을 견딜 수 있어야 한다. 비밀은 우리에게 혜택을 주기도 하지만, 모든 일이 그렇듯 무언가를 얻기 위해서는 희생과 고통을 감수할 수밖에 없다.

생각하지 않으려 노력할수록
더욱 생각나는 것들

비밀은 힘든 존재다. 약간의 소홀함, 바로 치우지 않은 편지나 사진, 옷에 남은 작은 흔적같이 통제하지 못한 일 때문에 비밀이 더이상 비밀로 남지 못하는 때가 온다. 앞서 살펴본 루시 베르트와 제니 플레허티가 인터뷰했던 네 명의 여성은 비밀을 유지하는 일이 얼마나 어려운지 토로했다. "무언가 감추는 일은 매우 힘듭니다. 항상 살얼음판을 걷는 기분이에요. 사람을 너무나 지치게 만들어요." "아무것도 들키지 않게 조심해야 했어요. 제가 하는 행동을 이상하다고 생각하지 않게 논리적으로 변명해야 했지요. 매번 신경이 곤두서는 일이었어요. 항상 정신을 똑바로 차리고 있어야 했습니다."

심리학자 아네테 슈미트는 비밀이 단번에 발각되지 않으려면 어떤 조건이 충족되어야 하는지 연구했는데, 이 과정을 '계획 단계'와 '실천 단계'로 구분했다. 슈미트는 "여러 가지 기술 목록을 만드는 일뿐 아니라, 이 기술을 어떻게 사용해야 할지도 염두에 두어야 합니다"라고 설명한다. 예를 들어 친구들과의 모임을 숨기고 사무실에서 야근을 해야 한다고 말하는 남편의 경우, 그럴듯한 구실을 마련해야 한다. '내가 더 오래 일해야 한다고 말한다면 사무실에서 해야 하는 일은 정확히 무엇인가? 나와 함께 남아 일해야 하는 사람은 누구인가? 필요한 경우 이 동료가 내 알리바이를 입증해줄까? 만약 그러지 못한다고 해도 이 사람을 거론해도 될까? 식당 영수증은 잘 처리했나?' 두번째 계획 단계에서는 어떤 변명을 해야 아내가 가장 잘 믿을지 생각해야 한다. 슈미트는 이 경우 남편이 마지막으로 '실천 단계'에서 자신을 성공적으로 드러내야 한다고 말한다. 진실을 숨기고 평소와 똑같이 행동해야 한다. 간단히 말해, '말재주와 유동성'을 증명해야 한다는 것이다.

비밀을 지키기 위해 이처럼 계획적으로 생각하고 움직여야 한다는 이야기에 사실 다소 거부감이 든다. '이렇게까지 해서 비밀을 지켜야 하나?'라고 생각할 사람이 있을 것이다. 다만 꼭 보호하고 싶은 생각이나 절대 알리고 싶지 않은 기억이 있음에도 비밀을 유지

벼룩으로 가득한 자루를 단속하는 일보다 비밀을 마음속에 담아두는 일이 더 힘들며 각별한 주의가 필요하다. 이전에 한 번이라도 비밀을 감추려고 했거나 감추어야 했던 사람은 비밀을 지키는 일이 얼마나 힘든지 알 것이다. 항상 똑바로 정신차리고 있어야 하고, 입을 잘못 놀려도 안 되고, 침묵할 줄 알아야 하며, 기억력이 좋아야 하고, 무엇보다 비밀 때문에 생기는 고독을 견딜 수 있어야 한다.

하는 일에 너무나 큰 고통을 느끼는 사람이 있다면, 그에게는 비밀 유지를 위한 안내들이 도움이 될 것이다. 철학자 마르쿠제는 거짓말하는 일을 '연극을 할 줄 아는 재주'와 '뛰어난 기억력'을 요구하는 '고달픈 예술'이라고 묘사했다. 몽테뉴도 거짓말을 하려면 기억력이 좋아야 한다는 점을 잘 알고 있었다. 그는 『수상록』의 「거짓말쟁이에 대해서」라는 장에서 다음과 같이 썼다. "좋은 의미에서 말하자면, 자신의 기억력을 믿지 못하는 사람은 처음부터 거짓말할 생각을 하지 않는 것이 좋다." '카롤라'는 이 의견에 완전히 동의했다.

청소년기에 비밀을 만들어야 하는 상황에 부닥친 적이 있었어요. 엄마는 저의 일거수일투족을 감시했고 자유공간이라고는 어디에도 없었지요. 제가 무엇을 했는지 누구를 만났는지 모든 것을 알고 싶어했어요. 할 수만 있다면 제가 무슨 생각을 하는지 제 머릿속을 들여다봤을 거예요. 열다섯 살에 아빠가 돌아가시자 엄마는 저보고 자기 침대에 와서 자라고 할 정도로 간섭이 심해졌어요. 그건 저만을 위한 공간이 사라졌다는 의미였죠.

이때부터 엄마에게 진실을 말하지 않았던 것 같아요. 친구들과 스케이트를 타러 가고 싶을 때는 '시험 공부'를 하러 간다고 말했고, 시내에 구경 가려고 했을 때는 친구가 아파서 병문안을 가야 한다고 둘러댔지요. 그냥 놀러 간다고 하면 엄마가 허락하지 않으리란 걸 알고 있었기 때문이지요. 하지만 저는 거짓말을 썩 잘하는 편이 아니었어요. 바보같이 엄마에게 뭐라고 변명했는지 잊어버릴 때가 많았죠. 이런 저에 비해 엄마는 기억력이 월등하게 좋았어요. 가령 엄마와 대화를 하다가 "지난번에 시내 나갔을 때 예쁜 스웨터 하나 봤는데"라고 얼핏 말이 새어나오면 바로 심문이 시작되었어요. "언제 시내에 나갔어? 그날 친구가 아파서 병원에 다녀온 걸로 아는데." 빙고! 다시 제 거짓말이 탄로나고 말았어요. 이런 일이 자주 반복되었지요. 저는 거짓말하는 데 소질이 없나봐요. 건망증이 심해서 비밀을 유지할 수 없어요.

비밀은 항상 현재형이어야 한다. 자신조차 떠올리고 싶지 않아서, 의도적으로 어떤 기억이나 생각을 지워버리려 노력한다면 그러지 않는 편이 좋다고 충고하고 싶다. 미국 심리학자 줄리 레인과 대니얼 웨그너는 많은 임상실험을 통해 특정한 생각을 의도적으로 억누르는 일이 성공하기 힘들다는 사실을 입증했다. 무언가 숨기고 싶어서 이에 대해 일부러 생각을 안 하려 애쓴다거나, 표정이나 행동에 드러나지 않게 하려고 관련된 모든 생각을 억누르려는 사람은 결국 실패할 수밖에 없다. 의식적으로 어떤 특정한 것을 떠올리지 않으려는 시도가 반대 효과를 내기 때문이다.

웨그너는 한 연구에서 실험 대상자들에게 하얀 곰을 떠올려서는 절대 안 된다고 주의를 주었다. 그러자 사람들 머릿속은 하얀 곰에 대한 생각으로 꽉 차고 말았다. 어떤 것에 대해 생각하지 않으려고 노력할수록 이에 대한 생각이 더 많이 떠오르는 것은 역설적이라고 할 수 있다. 마찬가지로 비밀이 알려지지 않도록 잊으려 노력할수록 비밀에 대한 생각이 머릿속을 맴돈다. 이는 정서 불안을 조장하고 만성 스트레스의 요인이 되는 악순환을 일으킨다. 바로 이때문에 비밀을 품은 사람은 강박에 시달리게 된다. 레인과 웨그너는 관련 연구를 통해 과거의 애정관계를 현재의 배우자에게 숨기는 사람일수록 과거의 관계를 더 잘 기억하고, 더 자주 생각한다는 사실을 입증했다. 과거의 사랑이 특별히 더 애틋하고 열정적이어서 그런 것만은 아니다.

비밀을 가진 사람은 늘 경계하고 자기가 아는 사실이 은연중에 말과 행동으로 탄로나지 않도록 주의해야 한다. 이렇게 감정을 억압하는 일은 심리적으로 고단한 일이며 모두가 잘해낼 수 있는 것은 아니다. 비밀을 유지하려는 정신 노동으로 엄청난 스트레스를 받아, 육체적으로나 정신적으로 다치는 사람도 있다. 비밀 유지로 이미 심리적으로 고단한데 여기에 추가로 비밀이 폭로되면 어떤 일이 일어날까 하는 끊임없는 걱정마저 더해진다. 어떤 사실을 혼자만 알고 있으려 하거나 그래야만 했던 사람 중에 신체적 고통(두통, 위장장애, 허리 통증)을 호소하는 사람이 있으며 이들이 비밀이 없는 사람보다 자신의 삶과 감정적 상태에 덜 만족한다는 점은 그리 놀랍지 않다.

　그렇다면 비밀이 우리를 병들게 한다는 주장이 결국 옳은 것일까? 그렇다고 수긍해버리면 이는 너무나 단순한 해석일 것이다. 자기가 숨긴 것에 대해 끊임없이 복잡하게 생각함으로써 '비밀의 노예'가 된 사람에게 비밀은 당연히 힘든 존재일 수밖에 없다. 하지만 항상 그런 것은 아니다. 심리학자 알베르트 슈피츠나겔과 카린 미스는 임상실험을 통해 비밀이 있는 사람이 모두 강박적으로, 불가피하게 비밀에 대해 집중적으로 생각하는 것은 아니라는 결과를 얻었다. 슈피츠나겔과 미스는 실험 대상자에게 이제 와서 중요한 과거의 비밀이 밝혀진 적이 있는지, 아니면 현재 숨기는 비밀이 있는지 묻고 그 비밀에 대해 얼마나 자주 생각하는지도 물었다. 응답자 가운데 절반가량이 "원하지도 않는데 비밀에 대한 생각을 하고 있다" 혹은 "밤낮없이 항상 비밀에 대한 생각으로 머릿속이 꽉 찼다" 아니면 "잠자기 전에도 비밀에 관한 생각이 떠오를 때가 많다"고 답했다. 하지만 응답자 중 다른 절반은 '가끔씩'만 생각하거나 '거의하지 않'거나 '아예' 안 한다고 답했다. 이 차이는 '비밀을 대하는 자세'와 '비밀을 품은 사람의 성격'에 기인한 것이다.

"진짜 나를 알면 모두 등을 돌릴 거야"

비밀을 지키는 데도 자신감이 필요하다

슈피츠나겔과 미스는 비밀을 대하는 자세에 대해 묻기 위해 실험 대상자들에게 다음과 같은 사항을 제시하고 동의하는지 아닌지를 물었다.

- ◆ 비밀 유지를 수월하게 할 수 있다.
- ◆ 장시간 비밀을 지킬 수 있다고 믿는 것은 착각이다.
- ◆ 친구나 배우자에게 어떤 것도 오랫동안 비밀로 할 수 없다.
- ◆ 남이 알려고 하지 않았는데 비밀을 털어놓는다.
- ◆ 무언가를 숨기는 일은 어렵다고 생각한다.
- ◆ 비밀이 있으면 얼굴에 다 드러난다.
- ◆ 아무도 눈치채지 못하게 무언가를 비밀로 삼을 수 있다고 믿는다.

응답자 다수가 비밀은 언젠가 드러난다고 믿는다고 했다. '비밀 유지를 수월하게 할 수 있다'고 확신하는 사람에게 비밀이 있는 경우, 이에 대해 침묵하는 일은 큰 문제가 아니다. 이런 사람은 자기가 비밀을 말하지 않을 것이라고 확신했다. 게다가 슈피츠나겔과 미스는 비밀을 숨기는 데 성공한 적이 있는 사람은, 비밀을 숨길 수 있다고 확신하는 경향이 더욱 강하다고 밝혔다. 즉, 비밀을 지키는 데 성공했던 사람은 시간이 지나면서 더욱 자신감이 높아지고, 비밀이 알려질지도 모른다는 두려움이 사라진다. 한편 비밀을 유지하는 데 '천부적' 자질을 타고난 사람도 있었다.

- ◆ 근본적으로 비밀이 발각되지 않을 것이라고 믿는다.
- ◆ 비밀을 유지하는 데 소질이 있다고 믿는다.
- ◆ 스스로를 통제할 수 있다고 믿는다.

이런 마음가짐은 비밀을 지켜야 할 때 유리하다. 비밀 유지에 결정적인 영향을 미치는 요소는 바로 비밀을 지키는 사람의 성격이다. 미국 학자 애니타 켈리가 입증한 바로는 예민한 사람이 비밀을 부담스러워하고 이로 말미암아 병에 걸릴 만큼 시달린다고 한다. 비밀을 감추는 과정 자체가 힘든 것은 아니다. 그보다는 비밀의 존재 자체가 당사자의 마음에 결정적인 타격을 입힌다. 거북한 상황을 못 참거나 부끄러움을 많이 타는 유형의 사람도 남몰래 비밀을 품기 힘겨워한다. 이들은 비밀이 있으면 두려움과 우울증, 요통, 두통 등을 강하게 호소한다. 연구 결과를 보면 이런 사람이 다른 사람에 비해 아래의 항목에 '그렇다'고 답한 경우가 많다.

- ◆ 나에겐 가능하면 나 혼자만 간직하고 싶은 면이 있다.
- ◆ 스스로에 대해 좋지 않게 생각하는 점이 있지만 여태까지

이에 대해 누구와도 이야기 나눈 적이 없다.

◆ 내 모든 비밀을 누군가와 나눈다면 그 사람은 더이상 나를 좋아하지 않을 것이다.

◆ 나쁜 일은 혼자만 알고 지내려는 경향이 있다.

다른 사람의 시선에 너무 심하게 구애받는 사람은 스스로를 많이 비판하고, 자신의 행동을 주시하며, 다른 사람이 자기를 어떻게 받아들일까 끊임없이 자문한다. 또 자신을 안 좋게 평가하면서 다른 사람도 자기를 별로라고 생각한다는 표시를 찾으려 한다. 때문에 실제 모습 그대로를 보지 못하고 자신을 감시하면서 다른 사람의 기대에 부응하려 애쓴다. 하지만 이처럼 쉴 틈 없이 자기관찰을 하는 것은 스스로에게 너무나 큰 압박감을 준다. 실제 모습을 감추고 있다는 사실을 남들이 알아차리지 않을까 항상 두려워하기 때문이다. 자존감이 낮고 본인의 행동과 태도를 제대로 통제하지 못한다고 믿는 사람에게 비밀은 견딜 수 없는 스트레스가 된다. 자신뿐 아니라 숨기고 있는 비밀도 통제할 수 있어야 하기 때문이다.

비밀을 품기로 결정한 사람은 자신이 무슨 일에 연관되었는지 잘 생각해야 한다. 특정한 사실을 자신만 알고 지낸다는 것은 결코 쉬운 과제가 아니다. 일상적인 삶 외에 숨겨진 다른 삶이 있다는 것은, 매순간 어떤 것이 어떤 삶에 속하는지 결정해야 한다는 의미다. 자신이 비밀을 간직해도 되는 사람인지 아닌지 알고 싶은 사람이나 수고를 들여 비밀을 유지하는 일이 가치가 있는지, 비밀과 연관해서 들인 공이 보람이 있었는지 확신이 서지 않는 사람은 다음과 같은 검사를 통해 답을 찾을 수 있다.

테스트: 비밀의 위험 수치는 얼마나 높을까?

유일하게 보람 있다고 말할 수 있는 비밀은 상황을 개선시키는 비밀이다. 그런데 어떤 상황이 구체적으로 그런지 아닌지 어떻게 정의내릴 수 있을까? 심리학자 로버트 올크와 아서 헨리가 만든 다음 검사는 비밀을 유지 혹은 발설함으로써 얻는 장단점을 아는 데 도움을 준다. 이때 다섯 가지 기본 요소를 고려해야 한다. '동기' '효과' '신빙성' '자기평가' '상대에 대한 신뢰도'가 이에 해당한다. 자신과 가장 잘 맞는다고 생각되는 답에 체크하면 된다.

1. 동기

1. 비밀을 혼자만 아는 데는 그럴 만한 이유가 있다.
    ○ 그렇다   ○ 그렇지 않다   ○ 모르겠다

2. 누군가에게 화가 나서 그 사람을 속인 것이 아니며 적대감이 있는 것도 아니다.
    ○ 그렇다   ○ 그렇지 않다   ○ 모르겠다

3. 어떤 상황이나 사람이 무서워서 비밀을 숨긴 것은 아니다.
    ○ 그렇다   ○ 그렇지 않다   ○ 모르겠다

4. 진실을 말하면 나에게 좋지 않을 것이라고 확신한다.
    ○ 그렇다   ○ 그렇지 않다   ○ 모르겠다

세 번 이상 '그렇다'고 대답했으면 검사 마지막에 있는 최종평가 목록의 '동기' 부분에 (+) 표시를 하고, 세 번 미만일 경우에는 (−) 표시를 한다.

2. 효과

1. 이 비밀은 내가 가진 문제를 해결해줄 것이다.
    ○ 그렇다   ○ 그렇지 않다   ○ 모르겠다

2. 이 비밀은 나중에 치명적인 효과를 초래하지 않을 것이다.
    ○ 그렇다   ○ 그렇지 않다   ○ 모르겠다

3. 이 비밀을 지키지 않으면 내가 처한 상황이 분명히 나빠질 것이다.
    ○ 그렇다   ○ 그렇지 않다   ○ 모르겠다

4. 이 비밀은 어느 누구도 해치지 않을 것이다.
    ○ 그렇다   ○ 그렇지 않다   ○ 모르겠다

앞에 제시된 규칙이 이 사항에도 똑같이 적용된다. 즉, 세 번 이상 '그렇다'고 답했으면 검사 마지막에 있는 최종평가 목록의 '효과' 부분에 (+) 표시를 하고, 세 번 미만일 경우에는 (−) 표시를 한다.

3. 신빙성

1. 비밀을 거짓말로써 지키는 일이 어렵지 않다.
    ○ 그렇다   ○ 그렇지 않다   ○ 모르겠다

2. 어떤 거짓말은 매우 자연스럽게 나온다.
    ○ 그렇다   ○ 그렇지 않다   ○ 모르겠다

3. 비밀이 드러나지 않도록 과잉행동하지 않는다.
    ○ 그렇다   ○ 그렇지 않다   ○ 모르겠다

4. 이전에도 비밀을 감추는 데 성공한 적이 있다.
    ○ 그렇다   ○ 그렇지 않다   ○ 모르겠다

세 번 이상 '그렇다'고 답했으면 검사 마지막에 있는 최종평가 목록의 '신빙성' 부분에 (+) 표시를 하고, 세 번 미만일 경우에는 (−) 표시를 한다.

4. 자기평가

1. 내 거짓말 누군가 알아차려도 그리 죄의식을 느끼지 않을 것이다.
    ○ 그렇다   ○ 그렇지 않다   ○ 모르겠다

2. 거짓말이 드러나도 그 결과를 통제할 수 있을 것이다.
    ○ 그렇다   ○ 그렇지 않다   ○ 모르겠다

3. 큰 위험을 감수하지 않는다.
    ○ 그렇다   ○ 그렇지 않다   ○ 모르겠다

4. 다른 사람이 의심하지 않을 만큼 비밀을 잘 포장할 자신이 있다.
    ○ 그렇다   ○ 그렇지 않다   ○ 모르겠다

세 번 이상 '그렇다'고 답했으면 검사 마지막에 있는 최종평가 목록의 '자기평가' 부분에 (+) 표시를 하고, 세 번 미만일 경우에는 (−) 표시를 한다.

5. 상대에 대한 신뢰도

1. 비밀에 대해 알려주고 싶지 않은 사람이 미심쩍은 사람만은 아니다.
   ○ 그렇다   ○ 그렇지 않다   ○ 모르겠다

2. 그는 나의 거짓말로 이득을 얻는다.
   ○ 그렇다   ○ 그렇지 않다   ○ 모르겠다

3. 그는 내가 말하는 것을 조사하지 않을 것이다.
   ○ 그렇다   ○ 그렇지 않다   ○ 모르겠다

4. 비밀이 드러날 경우, 그는 다른 사람에게 이를 퍼뜨릴 것이다.
   ○ 그렇다   ○ 그렇지 않다   ○ 모르겠다

세 번 이상 '그렇다'고 답했으면 검사 마지막에 있는 최종평가 목록의 '상대에 대한 신뢰도' 부분에 (+) 표시를 하고, 세 번 미만일 경우에는 (-) 표시를 한다.

최종 평가

	+	−
동기	▬▬▬	▬▬▬
효과	▬▬▬	▬▬▬
신빙성	▬▬▬	▬▬▬
자기평가	▬▬▬	▬▬▬
상대에 대한 신뢰도	▬▬▬	▬▬▬

이 목록에 (+)가 하나도 없으면, 비밀을 만듦으로써 발생하는 위험이 너무 크므로 비밀 유지는 좋은 생각이 아니다. (+)가 한 개 혹은 두 개인 경우 비밀 유지를 시도해도 되겠지만, 여전히 위험도가 높다. (+)가 최소 세 개 이상일 경우 안전한 편에 속한다.

'이제 그만 후련해지고 싶어. 더이상 숨기고 싶지 않아'

누구에게라도 모든 것을 다 고백해버리고 싶은 순간

"그런데 무슨 일이 일어났는지 왜 나에게 말 안 하는 거야?" 프레디가 이 말을 꺼냈을 때에야 비로소 셔먼은 자기가 얼마나 속애기를 하고 싶어했는지 깨달았다. 누군가에게 모든 것을 고백하고 싶다는 생각이 간절했다. 누구든 상관없었다. 니코틴에 절은 체조 교사여도 좋고, 동성애자인 얼간이에게라도 알려주고 싶었다. 셔먼은 다시 주저했다. 그러고는 브롱크스를 향해 운전하는 일에 몰두했다. 그는 프레디의 얼굴에 불쾌한 기색이 나타나진 않았는지 살폈다. 아니면 더욱 나쁜 것, 기쁜 기색을 찾았을 수도 있다. 그런데 그의 얼굴에는 친절한 관심 외에는 아무것도 보이지 않았다. 이때 느낀 안도감이라니! 흉측한 독이 몸밖으로 빠져나오는 듯했다. 나의 고해 신부여!

톰 울프의 소설 『허영의 불꽃』에 나오는 주인공 셔먼 매코이는 한 흑인 소년을 치는 자동차 사고를 낸 후 뺑소니를 친다. 그의 옆에 있던 애인은 이 모든 일에 관여하고 싶지 않다며 대화조차 거부한다. 그동안 잘살아오면서 성공에 익숙했던 셔먼은 완전히 홀로 이 문제에 대면한다. 죄책감에 괴롭고 발각될까봐 두렵다. 내면에서 올라오는 압박감이 점점 커진다. 너무 강해진 압박감 때문에 셔먼은 오랫동안 지킨 침묵을 깨고 변호사에게 진실을 고백한다.

가톨릭에서 행해지는 고해성사는 비밀 때문에 고뇌하는 사람에게 신중하게 자기 비밀을 털어놓을 기회를 준다. 죄를 저지른 것에 대한 비밀이면 그 자리에서 속죄받을 수도 있다. 미국 대형교회 목사 크레이그 그뢰셸은 인터넷에 가상 고해소를 마련했다. 웹사이트 '마이시크릿'은 비밀로 인해 고통받고 압박에 시달리는 사람이 비밀을 털어놓을 수 있도록 모두를 초대했다. 이 사이트는 방문자에게 "비밀을 고백하라" "깨끗이 정리하라"고 권한다. 그뢰셸은 인터넷상에서 비밀을 공개함으로써 자신을 정화하고 면죄받을 수 있다고 주장했고, 1500명 이상에 이르는 사람들이 무겁게 양심을 누르던 비밀에 대해 익명으로 털어놓았다. 이 사이트에 따르면 비밀은 나쁜 것이므로 사죄받으려면 고백을 해야 한다. '마이시크릿'이라는 웹사이트는 의심할 여지없이 매우 미국적인 문화의 산물이며, 신에 대한 두려움과 믿음이 과장되었다고 느껴질 정도다.

어느 순간이 되면 비밀을 품은 모든 이에게 위기의 순간이 찾아온다. 혼자서 비밀을 품고 있으면 지금 제대로 대처하고 있는지 알기 어렵다. 죄책감이나 도덕적인 가책이 자기를 괴롭히기도 한다. 하지만 비밀을 공개하는 일을 실천에 옮기기 전에 이것이 정말 의미 있는 선택인지 잘 살피고 시험해봐야 한다. 또 공개 방식과 과정을 충분히 고려해야만 한다. 어떤 사람들은 가급적 침묵을 지키는 편이 현명하다고 조언한다.

◆ 비밀로 남아야 하는 것은 누구에게도 말해서는 안 된다.
◆ 자기 비밀을 지킬 수 없는 사람은 다른 사람의 비밀도 지킬
수 없다.
◆ 마음을 여는 사람은 항복한 것이나 다름없다.
◆ 침묵하는 사람은 비밀의 주인이며, 말하는 자는 비밀의 노
예다.
◆ 비밀을 공개한 사람은 자유를 판 것과 같다.

철학자 쇼펜하우어도 비밀을 공개하는 일에 반대 입장을 표명했
다. "비밀에 대해 침묵하면 비밀이 나의 포로지만, 비밀을 알리면 내
가 비밀의 포로가 된다. 반면 침묵의 나무는 평화라는 열매를 맺
는다."

심리학은 이와는 상반된 입장을 취해왔다. 심리학에서 이루어진
수많은 연구는 비밀의 발설이 정신적으로 묵직한 부담감을 없앤다
고 입증했다. 연구에 의하면 자기만 몰래 아는 것을 말할 수 없는
사람은, 이와 관련된 경험과 감정을 제대로 처리할 수 없다고 한다.
이렇게 되면 강압적인 생각이나 꿈이 재차 반복되며 비밀과 관련된
사람을 편안하게 놔두지 않는다. 그렇기에 고통스럽거나 나쁜 경험
을 다른 사람에게 말하지 않는 사람은 자신에게 해를 끼치기도 하

쇼펜하우어는 "비밀에 대해 침묵하면 비밀이 나의 포로지만, 비밀을 알리면 내가 비밀의 포로가 된다. 반면 침묵의 나무는 평화라는 열매를 맺는다"고 했지만, 심리학은 상반된 입장을 취해왔다.

지만 배우자, 가족, 심지어 다음 세대에까지 중대한 짐을 안겨주기도 한다.

이런 연구 결과만 놓고 본다면 비밀은 부담스럽고 '침묵은 나쁘다'라는 의견 외에 다른 의견은 허용하지 않는 듯하다. 이런 방향의 연구에서 볼 수 있는 일부 사례는 이 점을 뚜렷하게 부각시킨다. 자신의 성적 지향을 비밀로 숨기는 동성애자는, 커밍아웃한 사람에 비해 병에 걸릴 위험률이 높다. 9년에 걸쳐 HIV 양성반응을 보인 동성애자를 상대로 시행한 다른 연구에서는 자신의 성적 지향을 숨긴 채 사는 이들의 상태가 현저히 나빠졌다는 결론을 얻었다. 반대로 커밍아웃한 사람은 건강한 상태를 유지했다. 심리학자 제임스 페니베이커도 자신의 연구에서 지금까지 숨겨온 경험을 말하거나 기록했던 사람은 확실히 마음이 가벼워지는 느낌을 받았다는 비슷한 결론을 얻었다. 반대로 침묵은 사람을 병들게 한다는 사실도 입증했다. 예컨대 페니베이커는 미국에 있는 한 회사의 직원 200명을 상대로 연구하면서 부모의 이혼, 신체적 체벌, 성폭행 같은 트라우마를 유발하는 폭력을 경험한 적이 있는지 물었다. 그렇다고 답한 응답자에게 추가로 이런 경험을 다른 사람에게 알렸는지, 알렸다면 어느 정도까지 설명했는지도 물었다. 전체 200명의 남녀 중 65명이 이런 경험을 한 적이 있다고 답했다. 그리고 자신의 경험에 대해 한 번도 말한 적 없는 사람은 누군가를 믿고 자신의 아픈 비밀을 털어놓은 사람보다 훨씬 건강 상태가 나빴다.

또다른 연구도 다른 사람에게 비밀을 털어놓는 행동의 긍정적인 효과를 입증했다. 홀로코스트 생존자였던 피실험자는 자신이 경험한 끔찍한 일을 밝힌 뒤 훨씬 더 건강해졌다고 느꼈고 이전보다 삶의 만족도도 높아졌다고 말했다. 1984년 댈러스시가 홀로코스트 기념관을 열었을 때, 시 당국은 미국에 사는 홀로코스트 생존자를 인터뷰하고 이들의 경험을 영상에 담았다. 대부분의 생존자는 그때까지 자신이 겪은 일을 한 번도 말하지 않았다. 침묵을 지킨 가장 큰 이유는 '제발 잊고 싶어서' 혹은 '다른 사람을 불안하게 하고 싶지 않아서'라고 했다. 생존자들이 비디오카메라 앞에서 모든 것을 털어놓은 것은 아니었다. 어떤 사람은 고통스러웠던 경험을 억누르려고 계속 애썼다.

연구진은 인터뷰하고 1년이 지났을 때 홀로코스트 생존자들의 건강 상태를 검진하고 인터뷰 전 상태와 인터뷰 당시의 건강 상태도 비교했다. 그 결과 자신의 경험을 주저 없이 밝힌 사람의 건강은 전체적으로 호전된 반면, 아직 말할 준비가 되지 않았다고 한 사람은 병을 앓는 경우가 훨씬 많았다. 함부르크 대학교 심리학과 교수를 지내다 최근 은퇴한 심리학자 라인하르트 타우쉬도 앞서 제시된 연구와 관련해 '어려움에 부닥쳤을 때 이해심 많은 친구나 지인과 대화를 나누는 일이 가장 좋다'는 의견을 제시했다. "이혼이나 인생의 위기, 혹은 마음을 무겁게 하는 죄책감이나 걱정 등 극복해야하는 어려움이 있는 경우, 마음을 나눌 수 있는 사람과 대화하는 것이 가장 도움이 되었다고 말하는 사람이 많았습니다."

심리학 영역에서 말하고자 하는 바는 분명하다. 생각과 경험을 억누르고 감추는 사람은 정신적으로 큰 위험에 처한다. 반대로 감추던 것을 말로 표현하면 마음이 홀가분해지고 건강이 증진되는 효과가 나타난다.

말 못할 비밀은 우리를 병들게 한다. 침묵은 무거운 납덩이처럼 정신에 부담을 준다. 반대로 비밀을 토로하면 마음이 가벼워진다. 모두 맞는 말이다. 하지만 이를 토대로 침묵이 모든 상황에서 해롭다고 일반화해 결론짓는 것은 잘못이다. 분명 비밀이 지닌 부정적인 면을 부인해서는 안 되고, 앞서 거론한 여러 연구에도 나름의 의미가 있다. 그렇지만 비밀 감추기의 부정적 효과에 관한 연구 결과는 사람들이 숨기는 것이 대부분 트라우마와 관련된다는 점을 관찰시점에서 제외했다. 비밀이 있다는 사실을 부인할 정도로까지 숨겨야 하는 치명적인 비밀에 침묵으로 일관하는 일은 무서운 결과를 낳을 수 있다. 하지만 그 밖의 다른 경우에는 비밀을 밝히는 일이 어떤 결과를 가져오는지 주의 깊게 살펴야 한다.

우리는 어떤 말을 믿어야 할까? 비밀을 품는 일은 장기적으로 봤을 때 나쁘다? 아니면 비밀은 마음속에 오랫동안 감추어도 괜찮고 때로는 반드시 감추어야 한다? 이는 상황에 따라 다르므로 한 가지로 명확하게 답할 수는 없다. 비밀의 종류에 따라, 비밀을 품은 사람과 직접 관련된 사람에게 주어질 심각성과 부담감에 따라 다르다. 혹은 어떤 사실을 혼자 아는 사람의 동기에 따라 달라지기도 한다. 따라서 침묵을 깨고 말하기를 선택하기 전에 이 모든 사항을 검토해야 한다.

가족심리치료사 에번 임버 블랙에 따르면 '어떤 사람에게 비밀이 있는데 이 비밀이 본인의 삶과 관련된다면 비밀은 이 사람에게 '속한다'. 오로지 이 사람만이 비밀을 유지할지 아니면 다른 사람에게 알릴지 결정할 권리가 있다는 원칙에 따라 침묵을 깰지 결정해야 한다. 누군가와 비밀을 공유하기로 마음먹은 사람은 이전에 몇 가지 중요한 질문에 대한 답을 가져야 한다.

고통을 나눈다고 고통이 반으로 주는 것은 아니다. 비밀을 털어놓으면 죄책감을 덜 느낄 것이라는 희망은 비밀을 알릴 이유가 되지는 못한다. 하지만 실제로 비밀이 가져다주는 짐이 너무 무겁다고 느꼈을 때 이를 이야기함으로써 책임을 전가하거나 여러 사람에게 책임을 분배하기도 한다. 이렇듯 사람들은 죄책감과 윤리의식에서 나오는 부담을 더이상 감당하지 못하거나 감당하고 싶지 않을 때 비밀을 공개하는 경우가 많다. 하지만 말했듯이 이것은 좋은 동기가 아니다. 에번 임버 블랙은 자신이 아는 비밀을 고백함으로써 마음이 가벼워지기를 바라는 사람에게 "중요한 비밀을 공개하면 마음의 짐을 덜 수 있으며 다른 사람이 당신을 완전히 이해하고 비밀로 해왔던 일이 영원히 해결된다는 환상을 그린다면 이를 경고 신호로 받아들여야 합니다"라고 충고한다.

그렇다면 언제 비밀을 밝혀야 할까? 임버 블랙은 비밀을 공개해야 할 때를 결정하는 요소 세 가지를 꼽았다.

◆ 첫째, 비밀을 알림으로써 자신의 삶에 필요한 힘이 강화되기 때문에 다른 사람이 비밀을 알아도 된다고 확신이 섰을 때.
◆ 둘째, 솔직함을 통해 관계를 구하거나 다시 맺을 수 있다고 믿을 때.
◆ 셋째, 본인의 정직함이나 건강, 다른 사람과 자신의 내적 균형이 위험에 처해 있다고 볼 때.

비밀은 내가 중요하다고 생각하는 사람이나 나 자신에게 얼마나 어떤 영향을 미칠까? 다른 사람이나 내가 비밀을 공개해 타격을 입을 수도 있을까? 비밀의 존재가 다른 사람이나 나에게 육체적 정신적 질병을 초래하지는 않았나? 나와 나에게 소중한 사람들 간의 의사소통이 비밀 때문에 방해를 받거나 악화되지는 않았나? 비밀을 지키려고 끊임없이 거짓말을 하고 속여야 하나? 이런 상황에서 정상적인 감정 상태를 유지하는 것은 가능한가? 아니면 비밀이 다른 사람과 맺은 관계를 약화시킬 만큼 힘을 빼앗아가는가? 이와 같은 질문이 꼬리에 꼬리를 물수록 어두운 비밀이다. 이런 경우에는 비밀을 공개하거나 비밀 엄수를 포기하는 쪽이 더이상의 피해를 줄일 수 있는 유일한 길이다.

가족심리치료 분야의 연구 결과를 보면 어두운 비밀일수록 부부관계, 가족체계, 심지어 다음 세대에까지 부정적인 영향을 미친다. 할아버지가 과거 나치에 동조했었다는 사실, 삼촌의 자살 혹은 아버지의 알코올중독에 대해 침묵하는 일은 관련된 사람들의 삶에 검은 그림자를 드리운다. 이런 일을 겪은 당사자만 비밀을 지키느라 엄청난 힘이 드는 것이 아니다. 비밀에 대해 전혀 모르는 사람 역시 매우 심각한 고통을 느낀다. 에번 임버 블랙은 "가족 내의 중요한 비밀을 모른다는 사실은 정체성과 행동에 영향을 미칠 수 있습니다. 소외감과 불신감이 생기며, 충분한 정보 없이 인생의 중요한 결정을 하는 경우도 생깁니다"라고 설명한다. 임버 블랙은 이런 비밀을 '독이 들었다'고 표현하는데 "힘을 빼앗아가고 압박감을 주며, 비밀을 아는 사람에겐 괴로움을, 비밀을 알지 못하는 사람에겐 혼란스러움을 안기기 때문이다".

심리학자 세르주 티세롱이 말한 것처럼 "아이는 다양한 일에서 비밀을 예감한다". 아이는 비밀을 "특유의 목소리 톤과 몸짓에서, 익숙지 않은 단어에서, 비밀을 품은 사람이 주위에 두는 물건에서도 알아차릴 수 있다". 아이는 감정적으로 부모에게 상당히 의존하기 때문에 무언가 '이상하다 싶으면' 이를 매우 민감하게 받아들인다. "아이는 부모가 헤어졌다는 사실에 괴로워하며 어느 누구보다 분명하게 인지하지만, 부모에게는 자기가 아무것도 모른다고 믿게 하려고 힘들게 애씁니다." 아이는 이를 통해 부모를 돕고 자기가 감지한 긴장감을 해소하고 싶어한다. 부모가 이상하게 행동하는 것이 자기 잘못이라고 두려워하는 경우도 적지 않다. "가깝고 소중한 사람들이 다툴 때 사람은 누구나 자기가 보고, 듣고, 느끼고, 생각하는 것을 의심하기 시작하며 심리적으로 힘든 상황을 떨쳐내려 애씁니다." 하지만 이런 노력은 여러 면에서 아이에게 심각한 장애를 가져올 수 있다. 가족 안에 어두운 비밀이 있다면 비밀을 '공개할 것인지 혹은 침묵할 것인지'에 대한 답은 분명하다. 이런 비밀은 공개하지 않으면 가족 구성원의 불행을 초래할 수 있다. 하지만 비밀의 성격상 공개 여부를 결정하기 어려울 때는 주의 깊게 검토해야 한다.

심리학자 볼프강 슈미츠바우어는 비밀을 공개하기 전에 앞에서 언급했던 '마음의 짐을 덜거나 복수하기 위해서' 같은 잘못된 동기 외에도 고려해야 할 사항이 또하나 있다고 강조한다. "진실이 도움이 될지 맥락을 잘 분별하고 자신이 새롭게 알게 된 사실에 제대로 대처할 수 있는지 파악할 필요가 있다. 이런 것을 고려하지 않고 진실을 밝히는 사람은 잘했다고 칭찬받기는커녕 상처만 입는 경우가 더 많다." 다른 사람이 비밀을 알아야 할지를 명확히 하는 데 필요한 첫번째 걸음은 충분히 고심해 모든 위험을 검토하는 일이다. 비밀을 알릴 필요성이 크더라도, 비밀을 알림으로써 다른 사람에게 어떤 영향을 미칠지도 결코 잊어서는 안 된다.

고통을 나눈다고 고통이 반으로 주는 것은 아니다. 비밀을 털어놓으면 죄책감을 덜 느낄 것이라는 희망은 비밀을 알릴 이유가 되지는 못한다. 하지만 실제로 비밀이 가져다주는 짐이 너무 무겁다고 느꼈을 때 이를 이야기함으로써 책임을 전가하거나 여러 사람에게 책임을 분배하기도 한다.

타인의 비밀을 공개할 권리는
그 누구에게도 없다

"말할게!" 충분히 신중하게 생각하고서 결정했다면 그다음에는 이어질 대화를 위해 적당한 분위기를 만들어야 한다. 될 수 있으면 비밀과 관계된 모든 사람을 보호하고 안전하게 할 수 있는 조건 속에서 공개하는 것이 중요하다. 다시 말해 비밀을 나누고 싶은 사람과의 믿음 및 상호 간의 책임을 바탕으로 공개가 이루어져야 한다.

비밀을 공개할 경우, 현재의 관계가 앞으로도 이어질지 근본적으로 살피는 일이 중요하다. 가령, 배우자와의 관계가 끝날 수도 있을 만큼 금이 간 사이라면 오랫동안 숨겨온 비밀을 공개하는 일은 별로 권하고 싶지 않다. 아이가 연관되어 있을 경우, 아이의 연령과 성장 상태를 고려해야 한다. 이때 어떤 환상도 품어서는 안 된다. 지금까지 비밀로 해온 것을 공개함으로써 모든 문제가 쉽게 해결되리라는 희망을 갖는다면 이는 실망으로 이어질 것이다. 오래전부터 무언가 숨겨져 있다고 예감했던 것이 마침내 공개될 때 순간적으로 마음이 가벼워지는 기분을 느낄 수도 있다. 하지만 상황에 따라서 비밀이 밝혀져 관계된 사람이 힘든 시련을 겪는 새로운 문제가 생길 수 있다.

비밀을 밝히는 사람은 거짓말쟁이와 사기꾼으로 취급받는 일을 감수해야 한다. 상대방의 실망과 분노, 절망을 견뎌야 한다. 또 비밀의 도움으로 만들었던 지극히 개인적인 공간도 잃고 만다. 반면 비밀을 알게 된 사람은, 상대방이 왜 이런 자유공간을 필요로 했었는 지 인정하는 법을 배워야 한다. 이 과정은 대부분 괴로움과 실망으로 연결된다. 비밀을 고백한 사람은 다시금 이런 상황을 견디고 적절한 태도를 취해 상대방의 신뢰를 새롭게 얻으려 노력해야 한다.

심리치료사 존 브래드쇼는 "자기 자신보다 자신에게 좋은 충고를 해줄 수 있는 사람은 없다"고 했다. '비밀을 말할까 말까?'를 결정하는 일은 항상 고독하다. 여기에 일반적으로 통용되는 방법은 없다. "언제, 어디서, 어떻게, 그리고 누구에게 비밀을 털어놓아야 할지 확실하게 안다고 주장할 수 있는 사람은 아무도 없다. 우리가 할 수 있는 최선은 자신의 어두운 비밀에 대해 책임을 지고, 비밀을 알게 될 사람에 대해 책임을 지는 일이다."

브래드쇼는 다른 사람의 비밀을 아는 사람 역시 책임을 져야 한다는 견해에서 민감한 사항을 거론한다. 비밀을 다른 사람에게 고백해야 할지 말아야 할지와 같은 질문으로 괴로워하는 사람은 비밀의 당사자만이 아니다. 비밀을 함께 아는 사람도 자신이 알게 된 것을 다른 사람에게 말해야만 하는지 스스로에게 묻는다. 하지만 원래 비밀이 있었던 사람과는 달리, 들어서 알게 된 사람은 비밀의 공개 여부에 대해 고민할 필요조차도 없다. 어느 누구에게도 다른 사람의 비밀을 공개할 권리는 없기 때문이다. 이는 의심의 여지가 없다. 동료가 커밍아웃할 생각이 없다면, 이 비밀을 아는 사람은 침묵을 지켜야 한다. 친구가 낯선 여자와 술집에서 낭만적인 시간을 보내는 것을 보았을 때도 침묵해야 한다. 그 어떤 누구도 자신이 옳다고 생각해서 진실의 수호자로 나서서는 안 되며, 다른 사람의 일을 판결하는 심판자가 되어서는 안 된다. 자기가 생각하는 도덕적 세계관과 타인의 태도가 일치하지 않는 경우도 마찬가지다. 이 규칙에서 예외가 되는 상황은 다음과 같은 경우뿐이다. 폭력, 폭행, 범죄 행위, 자기와 다른 사람을 파괴하는 행위는 이를 발견한 사람이 책임을 지고, 신중하게 개입해야 한다.

하지만 그 외의 모든 경우에는 타인의 비밀을 자의적으로 공개할 권리가 없다. 타인이 나의 사적인 영역을 존중하고 배려해주길 바라듯이 우리도 타인의 영역을 소중하게 생각해야 한다. 보이지 않는 '출입금지' 표지판을 잘 살펴 이를 그대로 존중해 접근하지 말아야 한다. 또 사적 영역으로 초대받지 않았는데 우연히라도 접근했을 때는 이에 대해 반드시 침묵해야 한다. 출입금지 표지판을 무시하면 장기적으로 어떤 결과를 초래하는지 작가 버나드 맥래버티가 「비밀」이라는 단편에서 들려준다.

임종을 앞둔 메리 고모할머니에게 이별을 고하려고 조카의 아들이 집으로 찾아왔다. 그는 고모할머니를 보자 어렸을 적에 겪었던 일이 떠올랐다. 다시 양심의 가책에 괴로움이 밀려왔고 고모할머니가 자기를 용서했을지 궁금했다. (…) 메리 고모할머니는 김을 쏘여 엽서에서 떼어낸 기념우표를 그에게 선물로 주곤 했다. 그는 엽서의 그림을 유심히 살펴보았다. 엽서에 적힌 내용에는 별 관심이 없었다. 그런데 어느 날, '배니그누스 오빠'라는 이름이 늘 엽서에 쓰여 있다는 것이 눈에 띄었다. 그는 궁금해서 고모할머니에게 이 사람이 누구인지 물었다. 고모할머니는 질문을 피했다. 그러면서 베니그누스라는 사람은 그저 친구라고 답했다. 그런데 엽서 외에 편지도 한 묶음 있었다. 호기심에 조카의 아들이 편지 쪽으로 시선을 돌리자 메리 고모할머니는 "손대지 마" 하며 그를 호되게 꾸짖었다.

그러자 호기심이 더 크게 발동했다. 그다음 고모할머니를 방문했을 때 보는 사람이 아무도 없자 그는 유혹을 이겨낼 수 없었다. 결국 고모할머니 책상에서 편지 묶음을 꺼내 읽기 시작했다. 편지에는 사랑과 전쟁에 관한 내용이 가득했다. '내 사랑.' '내가 가장 사랑하는 사람.' 그는 마음을 졸이며 편지를 차례로 읽어갔다. 그때 고모할머니가 오는 기척에 편지를 재빨리 다시 책상에 갖다놓으려 했지만 이미 늦고 말았다. 고모할머니는 그가 무엇을 했는지 즉시 눈치를 채고 노여워했다. 그러고는 그를 손찌검하고는 방에서 쫓아냈다. 그는 나가면서 고모할머니가 자신을 '나쁜 녀석'이라고 욕하며 그가 한 짓을 절대 용서하는 일은 없을 거라고 말하는 것을 들었다.

조카의 아들은 호기심 때문에 눈에 보이지 않는 경계를 넘어 금지 영역이었던 고모할머니 삶의 일부에 침입했다. 고모할머니는 마지막까지도 그가 저질렀던 뻔뻔한 행동을 용서하지 않았다.

당사자의 동의 없이 비밀을 공개하는 일은 허락되지 않은 방법으로 남의 사생활을 공격하며 마음에 상처를 입히는 최악의 행동이다. 우연히 밝혀지거나 듣게 된 다른 사람의 비밀만 지켜야 하는 것이 아니다. 상대가 신뢰를 바탕으로 들려준 이야기도 잘 간직해야 한다. 철학자 라이너 애를링어는 뮌헨에서 한 여성이 보내온 질문에 대한 답신을 예로 소개했다.

"가장 친한 친구가 한번은 남자친구를 속였다고 말해주었습니다. 그러면서 절대 다른 사람에게 말해서는 안 된다고 주의를 주었어요. 그후로 친구의 애인을 볼 때마다 몹시 괴롭습니다. 그에게 어떤 암시를 해줘야 하는 건 아닌가 싶어서요. 제 친구한테 지금 속고 있다고 솔직히 말해줘야 할까요? 그러면 저는 가장 친한 친구의 역할을 배신(이렇게 하면 당연히 친구를 잃게 되겠지요)하는 셈이겠지요? 하지만 말하지 않고는 저 자신은 물론 친구의 남자친구를 떳떳이 쳐다보지 못하겠습니다. 친구가 원하는 대로 계속해서 입을 꼭 다물어야 할까요?"

라이너 애를링어는 이 여성에게 친구의 비밀을 유지해야 한다고 강조했다. "당신이 친구의 남자친구에게 사실을 알려준다면 당신은 도덕의 감옥에 갇힐 것입니다. 신의와 그 신의를 저버리는 일은 벌을 받아 마땅합니다." 애를링어는 '가장 친한 친구'가 의사, 변호사, 심리상담가, 심리학자처럼 타인의 비밀을 발설해서는 안 되는 직업을 가진 사람과 비슷한 위치에 있다고 말했다. 자기 마음 편하려고 아무것도 모르는 친구의 애인에게 상황을 알릴 권리가 없다.

'힐데'의 사례는 가까이 있는 사람을 믿고 알려준 비밀이 공개되었을 때 당사자가 얼마나 깊은 상처를 받는지 잘 보여준다.

저는 서른다섯 살 여자로 15년 전 커밍아웃을 했습니다. 제가 동성애자라는 사실을 인정하기까지는 많은 시간(약 5년)이 걸렸습니다. 몇몇 친한 친구가 있던 자리에서 각오를 단단히 먹고 마침내 커밍아웃을 했는데 곧바로 저에게 등을 돌린 친구도 여럿 생겼습니다. 그후, 저는 부모님과 형제자매, 새로 알게 된 사람이나 친구에게는 이 사실을 비밀로 하기로 결심했습니다. 저와 거리를 둘지도 모른다는 두려움 때문만은 아니었지만 어쨌든 비밀을 지키기로 했죠. 경찰관이 되려고 훈련을 받은 적이 있었는데 그때도 직장에서 동성애자라는 사실은 숨겼습니다.

그런데 제가 일으킨 한 건의 교통사고로 갑작스레 모든 것이 달라졌습니다. 저는 술 취한 상태에서 마찬가지로 만취한 당시의 애인을 조수석에 태운 채 운전하고 가던 중 주차된 차를 들이받고 도주했습니다. 다음날 아침, 직장 동료이기도 했던 애인이 저도 모르는 사이에 경찰서로 가서 제 상관에게 이 일을 알렸습니다. 그러면서 교통사고에 대해서만이 아니라, 자신이 저와 연인 사이라는 사실을 털어놓았습니다. 제 상관은 달리 할 일이 없었는지 이 사실을 즉시 저의 부모님에게까지 전달했고요. 저는 교통위반으로 즉시 파면되었고 저 때문에 상심이 크신 부모님이 계신 집으로 돌아가야 했습니다. 부모님과의 사이에 존재했던 신뢰는 이미 깨진 상태였습니다. 저에게 뒤통수 맞았다고 느끼셨거든요. 저는 제 자신을 지키기 위해 거짓말을 했던 것뿐이었고 스스로 말할 시점을 찾고 싶었는데 말이지요. 당시에 애인에게 느낀 배신감은 이루 말할 수 없었습니다.

사고가 있고 나서 1년 뒤 새로운 여자를 알게 되었습니다. 그때 제 나이가 스물셋이었고 어느 사법기관의 직원으로 채용된 뒤였습니다. 저희는 함께 집을 구해 나갔습니다. 새로운 직장에서는 4~5개월 정도 계약직으로 일했는데 제가 동성애자라는 사실을 알리지 않았습니다. 그런데 어느 날, 제 애인이 다른 동료들이 보는 앞에서 저에게 입맞춤을 해서 저를 당황하게 만들었습니다. 저의 세계가 또다시 무너진 기분이었습니다. 저 스스로 동료들에게 진실을 알릴 적당한 시기를 판단할 기회를 또 빼앗겼으니까요. 저는 다시 배반당하고 말았습니다. 제가 원했던 것과는 반대로 제가 동성애자라는 사실이 직장에서 회자되었습니다. 저에게 직접 말을 건 적은 한 번도 없었지만, 시간이 지나면서 저는 이 사실이 더이상 저만의 비밀이 아니며 많은 동료가 알게 되었고 일종의 가십이 되었다는 사실을 깨달았습니다. 이 일로 저는 다시는 제 비밀을 알려서는 안 되겠다고 마음먹었습니다. 제가 당할 차별도 두려웠지만 해고당하지 않을까 무서웠거든요. 레즈비언의 삶이란 진실 아니면 거짓을 끊임없이 선택해야 하는 것이고, 이에 대한 끝없는 고민과 결정으로 가득합니다. 저를 위해 그리고, 저와 같은 처지인 모든 사람을 위해 모두가 언제 누구에게 어떤 비밀을 믿고 털어놓을지 스스로 결정할 수 있는 날이 오기를 바랍니다.

이 사례는 다른 사람의 비밀을 아는 사람이 얼마나 큰 책임을 져야 하는지 잘 보여준다. 이런 책임을 질 능력이 모든 사람에게 주어진 것은 아니다. 따라서 비밀을 누군가에게 알리고자 하는 사람은 자기가 선택한 사람이 진정 믿을 만한 사람인지 매우 면밀하게 검토해야 한다. 비밀을 다른 사람과 나눠서 마음을 가볍게 하고 싶은 갈망이 클수록 이로 인해 입을 수 있는 피해가 훨씬 큰 경우도 있다. "얘깃거리가 없어지면 친구의 비밀을 거들먹거리는 사람이 적지 않다." 비밀이 공개되어 생길 피해를 줄이고자 침묵한다면 고독은 피할 수 없는 부산물이다. 어떤 것을 혼자만 알고 싶거나 알고 있어야 하는 사람은 어쩔 수 없이 고립을 견딜 준비도 해야 한다.

'그냥 털어놓을까?
아니야, 그럼 모든 게 망가질지도 몰라.
하지만……'

고백과 침묵 사이, 선택의 결정 모델

'비밀을 폭로할 것인지 아니면 침묵을 지킬 것인지' 선택하기 어려운 사람에게 다음에 소개하는 결정 모델이 도움이 될 수 있다. 심리학자 애니타 켈리는 네 단계에 걸쳐 답을 구할 수 있는 결정 모델을 제시했다.

첫번째 단계: 상대방도 비밀을 알 권리가 있나?

내 비밀을 알려야 하지 않을까 생각되는 이가 내 비밀에 관해 권리를 가졌는지 결정해야 한다. 믿고 비밀을 말하는 것이 관계에 중요한가? 관계를 유지하는 데 특별히 중요하지 않다고 생각되는 정보는 알릴 필요가 없다. 가령, 현재 맺고 있는 관계에 별로 상관없는 과거에 대한 정보 같은 것이 여기에 속한다. 남자가 여자친구에게 "나 만나기 전에 몇 명이랑 같이 잤어?"라고 물어도 그는 솔직한 대답을 들을 권리가 없다. 질문을 받은 사람은 사실대로 말할지, 얼마나 자세하게 답해야 할지 결정할 수도 있지만 진실을 말할 의무는 없다. 에번 임버 블랙은 일반적으로는 연인끼리 자신의 과거에 관해 상대에게 전부를 말하지 않는 편이 좋다고 조언한다.

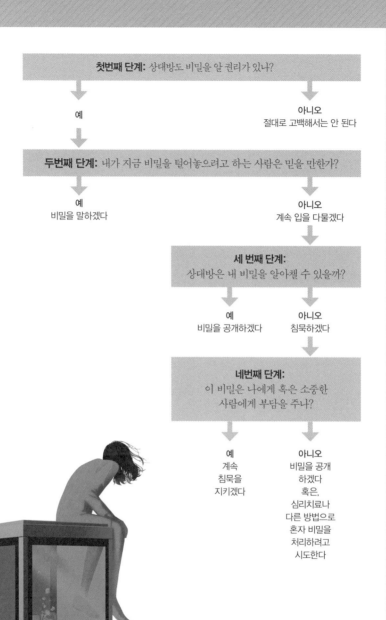

첫번째 단계: 상대방도 비밀을 알 권리가 있나?

예

아니오
절대로 고백해서는 안 된다

두번째 단계: 내가 지금 비밀을 털어놓으려고 하는 사람은 믿을 만한가?

예
비밀을 말하겠다

아니오
계속 입을 다물겠다

세 번째 단계:
상대방은 내 비밀을 알아챌 수 있을까?

예
비밀을 공개하겠다

아니오
침묵하겠다

네번째 단계:
이 비밀은 나에게 혹은 소중한
사람에게 부담을 주나?

예
계속
침묵을
지키겠다

아니오
비밀을 공개
하겠다
혹은,
심리치료나
다른 방법으로
혼자 비밀을
처리하려고
시도한다

"삶을 위한 조언으로 가득한 유명 저서에서 주장하는 것과는 달리 비밀을 알리는 일 자체로 친밀감이 증가하는 것은 아닙니다. 책에 적혀 있는 내용과는 반대로, 준비가 덜 된 상태에서 자신의 삶에서 일어난 일을 자백하도록 강요받는다면 오히려 불화는 깊어집니다. 당사자가 스스로 말할 때까지 기다리지 않고 상대가 호기심에 여기저기 파고 다니면 연인관계를 맺은 시점부터 불신이 발생합니다."

두번째 단계: 내가 지금 비밀을 털어놓으려고 하는 사람은 믿을 만한가?

상대방이 비밀을 알 근본적 권리가 있다면 이 사람이 충분히 믿을 만한지 신중히 고려해야 한다. 이 사람은 입이 무거운 사람일까? 비판을 잘하는 사람일까? 어떤 반응을 보일까? 거부, 꾸짖음, 아니면 이해 중에 무엇으로 나를 받아들일까? 비밀에 대해 새로운 시선을 갖도록 도움을 줄 수 있을까? 이 사람이 정말 적당한 대화상대일까? 결정을 내리기가 무척 어렵다. 상대방이 어떤 반응으로 나올지 정확하게 알 수 없기 때문이다. 단지 지금까지 경험한 것에 맡길 수밖에 없다. 비밀을 말하고 싶은 상대가 지난날 어떻게 행동했나? 믿고 싶은 사람이 다른 사람의 비밀을 어떻게 했었지? 다른 사람도 이 사람을 믿을 만하다고 여길까? 비밀이라는 주제를 어떻게 생각할까? 어떤 입장을 대변하나?

세번째 단계: 상대방은 내 비밀을 알아챌 수 있을까?

상대방이 내 비밀을 알아차릴 위험이 있나? 나 스스로 비밀을 말할 뻔한 적도 있었나? 친구에게 들켰는데 이 친구가 다른 사람에게 말할 수도 있을까? 내 비밀을 아는 사람이 내가 소중히 여기는 사람과 교류하는 사이라면 비밀이 이미 알려졌다고 추정해야만 한다. 이런 경우 비밀로 인해 마찰이 생기기 전에 먼저 비밀을 알리는 편이 나을 수 있다.

네번째 단계: 이 비밀은 나에게 혹은 소중한 사람에게 부담을 주나?

상대방이 비밀을 알아차릴 위험이 없더라도 비밀이 당사자를 심하게 압박하고 있지는 않은지 검토해야 한다. 비밀이 탄로날 수 있을 거라는 끊임없는 두려움 속에서 살고 있나? 우울감, 두통이나 위장장애 같은 심신의 고통을 겪나? 죄책감에 억눌려 거울에 비친 자기 모습을 똑바로 쳐다보지 못하나? 무엇인가 잘못된 것만 같아 항상 괴로운가? 비밀이 당사자와 그 주변에 파괴적인 영향을 끼치는데도 비밀을 계속 숨기는 일은 권하고 싶지 않다.

비밀을 공개해야 할지 말아야 할지 고민하는 사람이 가장 바라는 바는 비밀을 털어놓아 홀가분해지고 마음의 짐을 내려놓는 것이다. 사람들은 '고통은 나누면 반이 된다'는 명제에 따르면, 마음을 억누르는 비밀을 더 잘 다룰 수 있다고 믿는다. 특히 아름답고, 긍정적인 비밀일 경우 비밀을 아는 사람은 자신의 기쁨을 누군가와 나누고, 다른 사람을 자신이 경험한 것에 끌어들인다. 단 좋은 비밀이든 나쁜 비밀이든 무작정 알리고 나면 마음의 부담이 줄어들 것이라는 희망을 품을 경우, 거의 대부분은 실망한다. 비밀을 고백하는 일이 감정 상태를 개선하기는커녕 오히려 악화시킬 때가 있기 때문이다. 하지만 뚜렷한 목적의식을 갖고 비밀에 대처한 사람은 전적으로 긍정적 효과를 얻을 수 있다. 즉, 새로운 관점으로 상황을 바라볼 수 있다면 비밀을 공개하는 일이 큰 의미를 지닌다.

심리학자 애니타 켈리가 이를 실험으로 입증했다. 켈리는 다음과 같은 내용으로 시작하는 질문지를 130명에게 돌렸다. "모든 사람은 비밀이 있거나 자신에 대한 정보를 다른 사람에게 숨깁니다. 다시 말해, 우리는 다른 사람에게 개인 정보를 숨기고 있습니다. 언제, 누구에게 자신의 비밀을 알렸는지 생각해보세요. 정말 중요하다고 생각되는 개인 정보를 떠올려보세요." 실험 참가자는 질문지를 바탕으로 비밀 공개가 상황 개선에 얼마나 도움이 되었는지 평가해야 했다. 켈리는 다른 사람에게 비밀을 알렸을 때 기분이 어땠는지 구체적으로 듣고 싶어했다. 즉 마음의 정화 효과가 얼마나 컸는지 알고 싶었다. 실험 참가자는 다음과 같은 사항에 '그렇다' 혹은 '그렇지 않다'고 표시했다.

◆ "모든 것을 내맡기고 마음의 짐을 덜 수 있었다."
◆ "긴장감이 누그러지거나 불편함이 사라졌다고 느꼈다."
◆ "내 행동에 대한 동기와 원인이 더욱 분명해졌다."
◆ "문제를 어떻게 처리할지 새로운 대안이 떠올랐다."

실험 참가자는 그 외에 비밀을 공개하기 전후에 생각하는 바가 달라졌느냐는 추가 질문을 받았다. 고백하고 나서 달라진 점은 무엇인가? 비밀을 고백한 후 새로운 관점을 얻은 사람은 자신의 비밀을 긍정적으로 바라봤고 기분도 훨씬 좋았다. 정화 효과가 있었다고 말한 사람은 이와는 반대로 비밀에 대해 부정적으로 생각했다. 다른 사람과 비밀을 나누는 일이 반드시 당사자의 상태에 긍정적 영향을 끼치는 건 아니었다. 즉시 느껴지는 긴장 완화와 마음의 짐에서 해방된 느낌이 장기적으로 봤을 때는 부정적인 감정을 가져올 수도 있다.

두번째 실험에서는 실험 과정에 약간 변화를 줬다. 실험 참가자는 이제 아무에게도 알리지 않았거나 소수의 사람만 아는 비밀이 있는지에 대해 답했다. 비밀과 비밀에 연관된 감정을 세세하게는 아닐지언정 글로 묘사해야 했다. 그다음 켈리는 실험 참가자를 세 집단으로 나눴고 각각 집단에 다음과 같은 요구를 했다.

◆ 집단1은 비밀이 갖는 의미를 생각해야 했다. 비밀을 바라보는 새로운 관점을 발전시키고 비밀에 대한 관념을 바꾸도록 노력해야 했다.

◆ 집단2는 비밀과 연결된 모든 감정에 대해 생각하는 과제를 받았다. 실험 참가자는 좋고 나쁘고 평가를 내리지 말고 모든 감정을 느낀 그대로 글로 써야 했다. '연습의 목적은 마음을 홀가분하게 하는 데 있다'고 미리 제시되었다.

◆ 집단3은 통제집단 성격을 띠었다. 실험 참가자는 지난날에 있었던 임의의 사건에 대해 썼다.

실험 참가자는 그후 재차 비밀과 관련해 느끼는 감정이 어떤지 질문을 받았다. 실험에 참여한 모든 참가자가 실험을 통해 새로운 관점을 얻을 수 있었다고 했다. 비밀에 대해 생각하고 이를 적어보는 것이 큰 도움이 되었다고 했다. 이 연구는 무엇보다 자신이 아는 것을 부담스러워하며 가능한 한 누군가에게 믿고 털어놓고 싶어하는 사람은 신중하게 생각해야 한다는 점을 알려준다. 마음의 부담을 덜고자 하는 마음이 강한 사람일수록 조심해야 한다. 비밀 발설로 마음의 부담을 더는 효과가 있을지라도 이는 매우 단기적으로만 효력이 있다. 이와는 달리 새로운 관점으로 새로운 전망을 발전시키고자 한다면 목표를 정하고 본질적으로 주제를 다루는 편이 큰 도움이 된다. 비밀을 잘 다루려면 이와 관련해 혼자 글을 써보기만 해도 충분한 효과를 볼 수 있다.

미국 심리학자 제임스 페니베이커도 많은 연구에서 이 점을 입증했다. 페니베이커는 피실험자에게 자신의 비밀을 적으라고 하고서 이들이 작성한 자료에 대해 어떤 평가도 내리지 않았다. 그럼에도 긍정적 효과가 나타났다. 글을 쓰고 문장을 만들어가면서 이전에 침묵 속에 숨겼던 정보가 단어가 되어 떠오르고 이와 관련된 감정이 문장으로 구성되어 이성적으로 분석할 수 있는 재료로 바뀌었다. 사람들은 오랫동안 머릿속에서만 빙빙 돌던 것이 단어를 통해 글로 보이자 새롭게 이를 파악할 수 있었다. 다시 말해 글로 정리하는 것만으로도 비밀을 새로운 시각으로 바라보는 일이 가능해졌다.

비밀을 공개할까, 아니면 영원히 혼자만 알고 있을까? 이 질문에 답을 하는 일은 쉽지 않다. 비밀이라고 해서 모두 같은 비밀이 아니기 때문이다. 부정적이고 어두운 비밀, 가족 안에서 세대를 거쳐 봉인된, 개선될 가망이 없다고 보이는 비밀의 경우에는 더욱 그렇다. 이런 비밀은 반드시 알려야만 한다. 하지만 어떤 비밀 공개가 파괴적인 결과를 초래하는지 아닌지 고려하는 일부터가 전혀 쉽지 않다. 중요한 것은 비밀을 품은 사람이 근본적으로 공개 동기를 검토하고(왜 비밀을 알리고 싶은 것일까? 왜 지금 시점에서?) 자신의 솔직한 태도를 주위 사람들이 원하는지, 비밀을 알려서 주변 사람의 삶에 끼칠 수 있는 영향이 무엇인지 신중히 고려해야 한다는 사실이다.

진실은 '말해지는 것'이 아니라 시간이 지나면서 '발견되는 것'

이 책에서 우리는 주로 비밀을 가진 사람의 마음과 행동에 초점을 맞추었다. 비밀을 품고, 이를 중요하게 여겨 자신과 비밀을 정당화하고, 주변의 가까운 사람에게조차 말하지 않은 경우가 대부분이다. 이들 모두는 "온전히 나에게만 속하는 무언가가 있어. 이건 아주 중요해"라고 입을 모은다.

그렇다면 그 이면에 있는 사람들은 어떨까? 예기치 않은 상황에서 소중한 사람의 비밀을 알게 된 사람은? 상대방이 뭔가 숨기고 있다는 낌새를 눈치챈 사람은? 누군가의 비밀을 발설하면 안 된다고 강요받은 사람은? 비밀을 품은 사람의 고민이나 그들에 대해 많은 장을 할애하다보니 '비밀의 희생자' 혹은 '비밀의 피해자'가 처하는 상황에 대해서는 설명이 부족했다. 어떤 사람은 책을 읽는 내

내 이 점이 매우 힘들었을 것이다. 비밀로 인해 큰 피해를 입은 사람이라면, 어쩌면 비윤리적이라 느껴질지 모를 비밀을 숨기는 행동을 정당화하는 서술에 두려움과 분노를 느꼈을지도 모르겠다.

◆ 비밀 공개로 인한 상처와 괴로움이 클 경우 당사자는 거짓말을 해도 좋다는 말을 이해하기 어렵다.

◆ 사랑하는 사람에게서 지금까지 몰랐던 면을 발견한 사람은, 비밀을 감춘 행동이 상대의 정서적 안정을 위해 꼭 필요했다는 점을 이해하기 어렵다.

◆ 비밀의 희생자가 된 사람은 자신의 삶에서 불행으로만 비춰지는 것에 대해 긍정적으로 표현하는 일에 냉담하다.

가까운 사람의 비밀과 대면하고 난 뒤, 다시 말해 수년 동안 알았던 상대가 내가 알던 사람과는 다른 사람이란 것을 확인했을 때는 마음이 무너진다. 옆에 있는 상대가 수년에 걸쳐 비밀스러운 세계에서 살아왔거나 그런 과거가 있다는 사실을 알게 되면, 마음속 깊이 혼란스러워지고, 괴로워하며, 상처받는다. 시인 에이드리언 리치는 "우리는 오랫동안 아무런 보호장치 없이 허공으로 돌출된 벼랑에서 떨어지고, 솟아오르는 화염에 찢기고, 억수같이 내리는 비에 묻혀버린 암흑 속으로, 아직 근친상간도 이름도 부드러움도 존재하지 않는 세계로 떨어졌다. 우리는 무형에 가까워졌다"고 기만당한 사람의 감정을 표현했다. 우리는 이런 비상 사태에서 더이상 세상을 이해하지 못하고, 도대체 신뢰가 무엇인지, 앞으로는 대체 누구를 믿어야 할지 막막해한다. 이렇게 느끼는 것은 지금까지 믿어온 사람이 있기 때문이다. 하지만 이런 믿음은 악용되었다. 대체 언제가 되어야 다시 마음놓고 본능에 자신을 맡길 수 있을까? 언제 다시 아무런 의심 없이 사람을 믿을 수 있을까?

다른 사람의 비밀을 알게 된다는 것은 우리가 지금까지 믿어왔던 사람을 실제로는 어떤 범위 내에서만 알 뿐이었다는 사실을 의미한다. 이뿐 아니다. 철학자 해리 프랭크퍼트는 "이것은 믿어서는 안 되는 누군가를 믿고 자신을 맡기도록 등 떠밀려서 결국 자신의 존재를 신뢰할 수 없게 됨과 같다. 즉 우리가 진실과 거짓을 구별하는, 달리 말해 무엇이 실제며, 무엇이 거짓인지 깨닫는 자신의 능력을 현실적으로 믿지 못하게 되었음을 의미한다. 친구를 성공적으로 속였다는 것은 거짓말하는 사람에게 무엇인가 부족한 게 있다는 뜻이지만 동시에 속임을 당한 사람도 무언가 결여되었다는 뜻이다. 거짓말하는 사람은 상대를 속이기도 하지만, 그 역시 본인의 감정에 속고 만다"고 썼다.

따라서 비밀은 이중으로 혼란을 가져온다. 비밀을 알게 된 사람은 믿음이 무너진다. 그리고 비밀을 숨겨온 사람 안에 뿌리내렸던 믿음도 흔들린다. 다른 사람의 비밀에 휘둘린 사람은 정신적 균형을 잃는다. 니체를 인용해보자. "네가 나를 속여왔다는 사실보다 내가 더이상 너를 믿지 못한다는 사실이 나를 뒤흔들었다." 애착을 느꼈던 소중한 사람이 오랫동안 아무도 눈치채지 못한 또다른 삶을 살아왔다는 사실을 발견하는 일은 지금까지 꼿꼿이 지탱하고 서 있던 바닥을 위험하게 흔든다. 이와 연계된 고통과 괴로움은 처참하다. 특히 드러난 비밀이 치명적이라면 더욱 비참해진다. 이 구체적인 비밀이 어두운 비밀에 속하지 않더라도 마찬가지다. 숨겨진 모든 비밀은 '달콤한' 비밀이 아닌 한, 알려졌을 때 혼란스러움을 야기한다.

비밀과 대면하는 사람은 일반적으로 비밀이 파괴적이고 해가 된다고 느낀다. 깊은 불신감과 쓰디쓴 깨달음은 속은 사람을 견디기 어렵게 만든다. 하지만 비밀의 내용이 이와 관련된 사람의 마음에 들지 않더라도 비밀 자체가 저주받을 이유는 없다. 비밀이 드러나면서 발생하는 괴로움은 상대방이 중요한 무언가를 자신에게 숨겼다는 사실로만 야기되는 것이 아니다. 대부분의 상처는 비밀에 대한 우리의 일반적인 인식에서 비롯할 수도 있다. 근본적으로 비밀을 만드는 일은 비난받을 만하며, 우리 삶에 거짓말과 비밀이 존재해서는 안 된다고 생각하는 사람이 많기 때문이다. 이런 사람들은 비밀을 알게 됐을 때, 상대방이 남들 몰래 자신만의 삶을 가질 수 있다고 인정할 줄 아는 사람보다 훨씬 큰 충격을 받는다. 또 상대방이 무슨 생각을 하며 어떻게 느끼는지 빠짐없이 알아야만 친밀감이 생긴다고 믿는 사람은 비밀과 대면하면 충격의 나락으로 떨어진다.

그런데 친밀감이 정말 상대방의 모든 것을 알아야만 생기는 것일까? 관점을 가지고 일정 거리를 두는 사람과는 친밀감을 나눌 수 없나? 이 책에서는 낯섦, 관계 안에 비밀의 공간을 두는 것을 인정하는 일이 연인관계에서 매우 특별한 연결 요소로 작용할 수 있다고 소개했다.

상대에게 자신의 실제 나이를 속인다든가 하는 것보다 더 심한 거짓말은 훨씬 많다. 하지만 셰익스피어는 '믿는 체하는 것'은 연인관계에서 절대적으로 진실한 것보다 더 현명한 선택이 될 수도 있다고 말한다. 상대방을 믿기 때문에 모든 것을 알지 않아도 된다고 생각하는 사람은 상대방의 비밀을 알게 되더라도 크게 동요하지 않는다. 처음부터 '짐짓 믿는 체하는' 태도를 보였다면 처음 충격이 지난 뒤 고통스러운 것으로만 여겨졌던 비밀을 다른 시선으로 관찰할 여유가 생길지도 모른다. 그러면 기만당했다고 느끼지도 않을 테고, 관계에 절대적 진실이 꼭 필요하다고 주장하는 사람처럼 자존심에 크게 상처받지도 않을 것이다. 근본적으로 상대방에 대해 알 수 없다고 생각하는 사람은 비밀이 드러나더라도 좀더 편안한 마음으로 반응할 것이다. 이는 다시금 상대방의 비밀이 관계를 종결시키는 날카로운 도구가 되지 않도록 돕는다.

물론 비밀을 가진 사람이 반드시 지켜야 할 한계가 있다. 아무것도 모를지언정 상대는 나를 믿을 준비가 되어 있다는 식의 자세는 비밀과 연관된 사람들의 삶이 악화되지 않는 상황에서만 용인될 수 있다. 비밀이 있는 사람은 비밀에 대해 책임의식을 갖고 도덕적으로(반드시 보수적 의미의 윤리가 아니더라도) 대응할 의무가 있다. 비밀을 가진 사람은 칸트의 정언명법 '오직 당신이 보편 법칙이 되기를 의욕할 수 있는 준칙에 따라서만 행위하라' 혹은 간단히 말해서 '남이 너에게 가하지 않기를 바라는 일을 남에게도 가하지 마라'는 말을 지침으로 삼고 자신의 비밀이 다른 사람의 삶을 망치지 않도록 조심해야 한다.

'좋은' 비밀에 대해 제시한 모든 논점에도 불구하고 여전히 진실이 최고라고 외치는 굳건한 진실의 찬성자라면, 이 비밀에 관한 문제가 간단히 해결될 수 없다는 점을 명심해야 한다. 앞서 살펴보았듯이 진실이 거짓보다 더 잔인할 때가 있다. 더군다나 진실이란 도대체 무엇인가? 심리학자 해리엇 러너는 '진실이란…… 발전의 과정'이라고 표현한다. "진실은 '말해지는 것'이 아니라, 시간이 지나면서 발전하고 분별하게 되는 것입니다. 진실함은 장거리 달리기와 같습니다. 많은 인내심을 필요로 하지요." 진실해지고 싶은 사람은 언제 진실이 필요하며 언제 침묵하는 편이 좋은지 알기 위해 숙고해야 한다. 이렇게 보면 사람들 사이에는 온전한 진실이 존재할 수 있지만(단 하나의 진실만 존재할 수는 없다), 동시에 온전한 비밀도 존재한다. 또한 비밀에서 완전히 새로운 진실이 나올 수도 있다.

진실의 옹호자인 에이드리언 리치는 진실이 밝혀지는 과정에 비밀이 있을 공간을 만들어줄 만큼 현명하기도 했다. "나는 당신이 내가 알아야 한다고 중요하게 여기는 것을 말해주기를 원합니다. 그리고 나와 당신 자신이 고통받는 일을 피하고자 나에게 무엇인가를 숨기지 않기를 바랍니다. 아니면 적어도 '당신에게 말하지 않은 게 있어'라고 말해주기를 원합니다."

Ernst Aranus: *Lieben ohne Reue. Lust und Leid der Liebe.* Schmitz, München 1959

Julian Barnes: *Der Zitronentisch.* Kiepenheuer & Witsch, Köln 2005

Sissela Bok: *Secrets. On the Ethics of Concealment and Revelation.* Pantheon Books, New York 1982

John Bradshaw: *Familiengeheimnisse.* Mosaik Verlag, München 1999

Jeremy Campbell: *Die Lust an der Lüge. Eine Geschichte der Unwahrheit.* Bastei Lübbe, Bergisch Gladbach 2003

Ulrich Clement: *Systemische Sexualtherapie.* Klett-Cotta, Stuttgart 2004

Bella DePaulo u.a.: Truth and Investment. Lies Are Told to Those Who Care. In: *Journal of Personality and Social Psychology*, Bd. 71/4, 1996

Bella DePaulo u.a: Lying in Everyday Life. In: *Journal of Personality and Social Psychology*, Bd. 70/5, 1996

Bella DePaulo u.a.: Everyday Lies in Close and Casual Relationships. In: *Journal of Personality and Social Psychology*, Bd. 74/1, 1998

Simone Dietz: *Die Kunst des Lügens. Eine sprachliche Fähigkeit und ihr moralischer Wert.* Rowohlt, Reinbek 2003

Fjodor M. Dostojewski: *Aufzeichnungen aus dem Untergrund.* Piper, München 1977/1980

Rainer Erlinger: *Gewissensfragen.* Süddeutsche Zeitung Edition, München 2005

Klaus Fiedler, Jeannette Schmid: Wahrheitsattribution: Ein neuer theoretischer und methodischer Ansatz zur Lügenforschung. In: Albert Spitznagel, a.a.O.

Herbert Fingarette: *Self-Deception.* University of California Press, London 2000

Craig A. Foster, W. Keith Campell: The Adversity of Secret Relationships. In: *Personal Relationships*, 12/2005

Harry G. Frankfurt: *Über die Wahrheit. Hanser,* München 2006

Erving Goffman: *Wir alle spielen Theater.* Piper, München 2001

Colin Goldner: Meiser, Fliege und Co: Ersatztherapeuten ohne Ethik. In: *Psychologie Heute*, 6/1996

Daniel Goleman: *Lebenslügen und einfache Wahrheiten. Warum wir uns selbst täuschen.* Beltz, Weinheim 1987

Robert Hettlage (Hg.): *Verleugnen, vertuschen, verdrehen. Leben in der Lügengesellschaft.* UVK Verlagsgesellschaft, Konstanz 2003

Evan Imber-Black (Hg.): *Geheimnisse und Tabus in Familie und*

Familientherapie. Lambertus, Freiburg 1995

Evan Imber-Black: *Die Macht des Schweigens.* Klett Cotta, Stuttgart 1999

Peter Kaiser: Familiengeheimnisse. In: Albert Spitznagel, a.a.O.

Immanuel Kant: Über ein vermeintliches Recht aus Menschenliebe zu lügen. In: *Werke in 6 Bänden,* Studienausgabe (Hg. Wilhelm Weischedel), Bd. 4(3. Auflage). Darmstadt 1970

Deborah A. Kashy, Bella M. De Paulo: Who Lies?. In: *Journal of Personality and Social Psychology,* Bd. 70/5, 1996

Anita E. Kelly: *The Psychology of Secrets.* Kluwer Academic/Plenu Publishers, New York 2002

Anita E. Kelly, Jonathan J. Yip: Is Keeping a Secret or Being a Secretive Person Linked to Psychological Symptoms?. In: *Journal of Personality,* 10/2006

Christiane Kraft Alsop: Objekt-Geheimnisse in Paarbeziehungen. In: Albert Spitznagel, a.a.O.

Julie D. Lane, Daniel M. Wegner: The Cognitive Consequences of Secrecy. In: *Journal of Personality and Social Psychology,* Bd. 69/2, 1995

Annette Lawson: *Adultery. An Analysis of Love and Betrayal.* Basic Books, New York 1988

Kurt Lenz: Täuschungen in Zweierbeziehungen. Zur Normalität einer sozialen Praxis. In: Robert Hettlage, a.a.O.

Harriet G. Lerner: *Was Frauen verschweigen.* Fischer TB, Frankfurt a. M. 1996

Kurt Lewin: *Die Lösung sozialer Konflikte.* Christian Verlag, Bad Nauheim 1953

Michael Lewis, Carolyn Saarni: *Lying and Deception in Everyday Life*. The Guilford Press, New York 1993

Catharina Lohmann: *Frauen lügen anders*. Fischer TB, Frankfurt a. M. 2000

Niklas Luhmann, Peter Fuchs: *Reden und Schweigen*. Suhrkamp TB, Frankfurt a. M. 1989

Bernard Mac Laverty: *Geheimnisse und andere Erzählungen*. Diogenes, Zürich 1990

Ludwig Marcuse: *Das Märchen von der Sicherheit oder Die unverschämte Vernunft*. Diogenes, Zürich 1981

Maurice T. Maschino: Die Lüge ist eine Form der Liebe. In: *Psychologie Heute*, 2/1997

Pascal Mercier: *Nachtzug nach Lissabon*. BTB, München 2006

Sandra Metts: An Exploratory Investigation of Deception in Close Relationships. In: *Journal of Social and Personal Relationships*, 6/1989

Robert W. Mitchell, Nicholas S. Thompson: *Deception. Perspectives on Human and Nonhuman Deceit*. State University of New York Press, Albany 1986

Paul J. Möbius: *Über den physiologischen Schwachsinn des Weibes*. Bechtermünz Verlag, München 2001

Michel de Montaigne: *Essais*. Erste moderne Gesamtübersetzung von Hans Stilett. Eichborn Verlag, Frankfurt a. M. 1998

Margriet de Moor: *Erst grau dann weiß dann blau*. DTV, München 2001

Patricia Neal: *As I Am*, New York 1988, zit. nach David Nyberg, a.a.O.

Susan Nolen-Hoeksema: *Warum Frauen zu viel denken. Wege aus der Grübelfalle.* Eichborn, Frankfurt a. M. 2004

Ursula Nuber: Kindheit ohne Kinderspiele. In: *Psychologie Heute,* 6/2006

Ursula Nuber: *Depression. Die verkannte Krankheit.* DTV, München 2006

Ursula Nuber: *Was Paare wissen müssen.* 10 Grundregeln für das Leben zuzweit. Krüger, Frankfurt a. M. 2005

Ursula Nuber: *Die neue Leichtigkeit des Seins. Wege aus dem Alltagsblues.* Fischer TB, Frankfurt a. M. 2005

David Nyberg: *Lob der Halbwahrheit. Warum wir so manches verschweigen.* Junius, Hamburg 1994

George Orwell: *1984.* Ullstein, Berlin 2004

Susan Page: *Jetzt mache ich uns glücklich.* Fischer, Frankfurt a. M. 2000

James Pennebaker: *Opening Up. The Healing Power of Confiding in Others.* New York 1990

Adrienne Rich: *Um die Freiheit schreiben: Beiträge zur Frauenbewegung.* Suhrkamp, Frankfurt a. M. 1990

Gisela Runte: Nimm zwei!. In: *Psychologie Heute,* 6/2003

Gail Saltz: *Anatomy of a Secret Live.* Morgan Road Books, New York 2006

Jeannette Schmid: *Lügen im Alltag – Zustandekommen und Bewertung kommunikativer Täuschungen.* LIT-Verlag, Münster, Hamburg, London 2000

Wolfgang Schmidbauer: *Die heimliche Liebe.* Rowohlt, Reinbek 1999

Arthur Schopenhauer: *Preisschrift über die Grundlage der Moral.* Sämtliche Werke, Band III, Suhrkamp TB, Frankfurt a. M. 1986

Arthur Schopenhauer: *Parerga und Paralipomena* (1). Sämtliche Werke, Band IV, Suhrkamp TB, Frankfurt a. M. 1986

Rudolf Schröck u. a.: *Das Doppelleben des Charles A. Lindbergh.* Heyne, München 2005

Martin E. P. Seligman: *Erlernte Hilflosigkeit.* Beltz TB, Weinheim 2000

Georg Simmel: *Soziologie. Untersuchungen über die Formen der Vergesellschaftung.* Duncker & Humblot, Leipzig 1908

Adam Soboczynski: *Versuch über Kleist.* Matthes & Seitz, Berlin 2007

Volker Sommer: *Lob der Lüge. Täuschung und Selbstbetrug bei Tier und Mensch.* Beck, München 1992

Albert Spitznagel (Hg.): *Geheimnis und Geheimhaltung.* Hogrefe, Göttingen 1998

Albert Spitznagel, Karin Miess: Einstellungen zur Geheimhaltung von Geheimnissen: Zur Konstruktion und Validierung eines neuen Konstrukts. In: Albert Spitznagel, a.a.O.

Reinhard Tausch: Jemanden zum Reden haben. In: *Psychologie Heute*, 1 / 1998

Shelley E. Taylor: *Mit Zuversicht. Warum positive Illusionen für uns so wichtig sind.* Rowohlt TB, Reinbek 1995

Serge Tisseron: *Die verbotene Tür. Familiengeheimnisse und wie man mit ihnen umgeht.* Kunstmann, München 1998

Sherry Turkle: *Die Wunschmaschine. Der Computer als zweites Ich.* Rowohlt, Reinbek 1986

Renate Valtin, Alan Watson, Elisabeth Flitner: Was ich nur meinem Freund, nicht meiner Mutter erzähle–Zur Entwicklung und Bedeutung des Geheimnisses bei Kindern. In: Albert Spitznagel, a.a.O.

Judith Viorst, zit. nach: Annette Lawson: *Adultery*. Basic Books, New York 1988 (Übersetzung: Ursula Nuber)

Daniel M. Wegner, Julie D.Lane, Sara Dimitri: The Allure of Secret Relationships. In: *Journal of Personality and Social Psychology*, Bd. 66/2, 1994

Daniel M. Wegner, Daniel B. Gold: Fanning Old Flames: Emotional and Cognitive Effects of Suppressing Thoughts of a Past Relationship. In: *Journal of Personality and Social Psychology*, Bd. 68/5, 1995

Otto Weininger: *Geschlecht und Charakter*. Matthes & Seitz, München 1980

Rosmarie Welter-Enderlin: *Deine Liebe ist nicht meine Liebe*. Herder, Freiburg 2000

Lucy Fontaine Werth, Jenny Flaherty: A Phenomenological Approach to Human Deception. In: Robert W. Mitchell, Nicholas S. Thomson, a.a.O.

Tom Wolfe: *Fegefeuer der Eitelkeiten*. Kindler, München 1988

Robert L. Wolk, Arthur Henley: *The Right to Lie. A Psychological Guide to the Uses of Deceit in Everyday Life*. Peter H. Wyden Publisher, New York 1970

Stefan Zweig: *Brennendes Geheimnis*. Fischer TB, Frankfurt a. M. 1988

Virginia Woolf: *Ein Zimmer für sich allein*. Fischer TB, Frankfurt a. M. 2001

옮긴이 **손희주**

충남대학교 독문과를 졸업한 후 독일 뒤셀도르프 대학에서 미술사학과 일본학 석사 학위를 받았다. 현재 독일에 거주하고 있으며, 번역 에이전시 엔터스코리아에서 출판기획자 및 전문번역가로 활동중이다. 옮긴 책으로 『나는 내가 제일 어렵다』『심리학에 속지 마라』『잠들면 천사』『100만 원의 행복』『별과 우주』『남자는 왜 잘 웃지 않을까』 등이 있다.

나는 '아직도' 내가 제일 어렵다
마음의 민낯을 보여주고 싶지 않은 여자들을 위한 심리학

1판 1쇄   2017년 7월 19일
1판 2쇄   2017년 8월 28일

지은이 우르술라 누버
옮긴이 손희주
펴낸이 염현숙

책임편집 박영신 | 편집 임혜지 고아라 | 일러스트 kloudy(93kkemail@gmail.com)
디자인 고은이 최미영 | 마케팅 이연실 김도윤 | 모니터링 이희연
홍보 김희숙 김상만 이천희 | 저작권 한문숙 김지영
제작 강신은 김동욱 임현식 | 제작처 한영문화사

펴낸곳 (주)문학동네
출판등록 1993년 10월 22일 제406-2003-000045호
주소 10881 경기도 파주시 회동길 210
전자우편 editor@munhak.com | 대표전화 031)955-8888 | 팩스 031)955-8855
문의전화 031)955-1933(마케팅) 031)955-2697(편집)
문학동네카페 http://cafe.naver.com/mhdn | 트위터 @munhakdongne

ISBN 978-89-546-4477-8 03180

* 이 책의 판권은 지은이와 문학동네에 있습니다.
  이 책 내용의 전부 또는 일부를 재사용하려면 반드시 양측의 서면 동의를 받아야 합니다.

www.munhak.com